| 基金项目 | 河南省哲学社会科学规划项目（2017CZZ013）
河南省软科学研究计划项目（172400410249）
河南省政府决策研究招标课题（2016B113）
河南科技智库调研课题项目（HNKJZK-2019-02A）
河南自贸试验区政策研究专项课题（2019-ZM-T24-02）|

Value, Risk and
Evaluation of Smart City

智慧城市的
价值、风险和评价

杨凯瑞 ◎ 著

北 京

图书在版编目（CIP）数据

智慧城市的价值、风险和评价／杨凯瑞著．
—北京：中国经济出版社，2019.8
ISBN 978-7-5136-5520-0

Ⅰ.①智… Ⅱ.①杨… Ⅲ.①现代化城市—城市建设—研究 Ⅳ.①C912.81

中国版本图书馆 CIP 数据核字（2019）第 001753 号

责任编辑	师少林　郑潇伟
责任印制	巢新强
封面设计	久品轩

出版发行	中国经济出版社
印 刷 者	北京富泰印刷有限责任公司
经 销 者	各地新华书店
开　　本	710mm×1000mm　1/16
印　　张	13.5
字　　数	201 千字
版　　次	2019 年 8 月第 1 版
印　　次	2019 年 8 月第 1 次
定　　价	48.00 元

广告经营许可证　京西工商广字第 8179 号

中国经济出版社 网址 www.economyph.com 社址 北京市东城区安定门外大街 58 号 邮编 100011
本版图书如存在印装质量问题，请与本社销售中心联系调换（联系电话：010-57512564）

版权所有　盗版必究（举报电话：010-57512600）
国家版权局反盗版举报中心（举报电话：12390）　服务热线：010-57512564

前　言

城市是"城"和"市"的组合,"城"主要是为了防卫,并且用城墙等围起来的地域,《管子·度地》中有"内为之城,外为之廓"之说;"市"则是指进行交易的场所,有"日中为市"一说。两者都是城市最原始的形态,在人类社会发展的历史长河里,正因为有了"城"与"市"的逐渐融合,才有了我们现在日常工作和生活的主要场所。对美好生活的向往,是人类亘古不变的追求,城市作为人类的主要聚居区,也就不断地随着人类生产力的进步而得到发展。技术创新和变革是城市发展的重要推动力。现今,下一代互联网、物联网、移动宽带、云计算等新一代信息技术的迅速发展和深入应用,为城市发展提供了新的方向和动力,智慧城市的概念也由此提出,对智慧城市的研究也由此兴起。

智慧城市在我国的兴起有着深刻的理论和现实背景。随着改革开放的进一步发展,当前我国正经历着从农村、农业社会到城市、工业社会的巨大转变,"城市病"成为我国城市建设中面临的巨大难题。不论是理论界还是实务界都一直在不停地寻找缓解"城市病"的良药,其中,农村向城市大规模人口迁移、老龄化加剧、城市基础设施供应水平不足、城市政府治理模式滞后、城市资源不足、贫富差距等社会问题,早已成为困扰我国发展的痼疾。正是在此背景之下,以新一代信息技术为基础的智慧城市整体解决方案一经提出,就吸引了各界的目光,希望通过智慧城市的建设,有效地缓解或解决我国在城市化进程中出现的大量城市问题。

智慧城市作为城市发展的新形态,其在我国的建设中应发挥其内在价值。基于城市价值链理论的视角,智慧城市的价值包含了形态价值和功能价值两大类。其中,形态价值是城市形态高级化,即城市能否不断地由低级向高级形态进行演化，主要包括优化城市空间结构、可持续发展理念与低碳技术将推动"低碳、生态、绿色"城市发展两个方面；功能价值是城市功能价值最大化，即城市能否提高经济发展水平、优化社会环境以及改善市民生活品质，可以分为经济价值、服务价值、民生价值三个方面。归根到底，智慧城市的价值在于重点关注城市中人本身的发展，致力于为城市居民打造优越的工作和生活环境，提高人们的生活品质，关注人们的长期发展。

正是聚焦于对智慧城市价值的追求，寄希望能破解"城市病"的困扰，所以自 2009 年 IBM 公司在《智慧的城市在中国》白皮书中提出"智慧城市"的概念后，中国各大城市纷纷加入到智慧城市的建设队伍中，智慧城市成为互联网时代，继城镇化以来又一城市发展的热潮。一座符合城市发展的智慧城市能够为城市带来巨大的利益，带领城市居民走向可持续繁荣发展的道路，然而巨大的利益总是与更巨大的风险相伴，智慧城市的建设同样充满风险。不论是人对智慧城市理念理解不透彻，盲目照搬建设的理念风险，还是技术链不具备完全自主性、技术系统不稳定的技术风险，亦或是智慧产业发展不均衡、产业结构空洞化的产业风险，甚至形成对社会主体、社会制度发起挑战，导致社会解组和重构的社会风险发生，严重影响到我国的城市化进程和社会发展。

正是因为智慧城市蕴含着巨大的价值，同时也潜伏着多重风险，所以对智慧城市建设进行有效测评显得尤为重要。智慧城市作为新生事物，其建设和发展仍处于探索阶段，并且作为技术驱动的城市模型，智慧城市建设对信息技术的新发展表现的尤为敏感。所以，在现阶段仍难以找到一个确切的智慧城市"样板"，而信息技术的飞速进步也是难以确立一套智慧城市标准的原因之一。正是基于上述思考，笔者认为在对智慧城市进行评价之时，从建设效率的角度对智慧城市进行测评更具有现实性和可操作性。因此在研究中，笔者从投入产出的视角对智慧城市建设的生产系统进行详细分析，并对智慧城市建设的投入要素和产出成果进行梳理和划分。其中，智慧城市建设中所投入的人力、物力、财力这些主要生产要素，一般表现为拥有高技术的人力资本、信息流通更加顺畅的基础设施，以及为建设智慧城市而进行的财政投资和社会投资，而智慧的政府治理、智慧的社会经济、智慧的居民生活等则是智慧城市的产出成果，也是智慧城市的重要组成部分。

在此基础上，笔者建立了一套"智慧城市投入产出评价指标体系"，共包含7个一级指标，26个二级指标，175个三级指标，并具有普适性、代表性、全面性和可操作性的特点。然后，基于DEA相关理论，引入了C^2R模型和Malmquist生产率指数评判法，从而构建了一套操作性强、行之有效的智慧城市评价模型，使其不仅能够测评多个对象间的相对有效性，还能测评样本在一段时期内智慧城市建设的全要素生产率变化等，从而揭示出样本的智慧城市建设差异及其背后的含义与启示。为了验证所设计的评价体系的可用性，笔者选择了母校所在的城市，我国中部重镇——武汉市进行了实证研究，评价了武汉市的智慧城市建设效率，验证了这套评价体系的科学性。

至此，笔者完成了对智慧城市从价值到风险，再到评价的一整套研究。也许，笔者的研究只是学术海洋中不起眼的沧海一粟，但怀着一颗报效祖国的赤子之心，仍希望此研究能为我国的智慧城市建设提供一点可借鉴的思路，为我国的社会发展尽一丝绵薄之力。

目 录

1 绪论 ………………………………………………………… 1
　1.1 研究背景及意义 ………………………………………… 1
　1.2 研究思路、研究内容、研究方法 ……………………… 4
　1.3 创新点 …………………………………………………… 9

2 文献综述 …………………………………………………… 11
　2.1 智慧城市评价文献综述 ………………………………… 11
　2.2 国内外城市化评价文献综述 …………………………… 14
　2.3 国内外城市信息化评价文献综述 ……………………… 25

3 智慧城市的价值 …………………………………………… 36
　3.1 智慧城市的形态价值 …………………………………… 37
　3.2 智慧城市的功能价值 …………………………………… 41

4 智慧城市的风险 …………………………………………… 56
　4.1 理念风险 ………………………………………………… 56
　4.2 技术风险 ………………………………………………… 59
　4.3 产业风险 ………………………………………………… 63
　4.4 社会风险 ………………………………………………… 68

5 智慧城市评价分析框架 …………………………………… 74
　5.1 基于投入产出视角的智慧城市评价理论分析 ………… 74
　5.2 智慧城市投入要素分析 ………………………………… 77

5.3　智慧城市产出成果分析 ………………………………… 79
　　5.4　智慧城市建设的投入产出模型 ………………………… 82
　　5.5　基于 DEA 方法的智慧城市评价 ……………………… 83

6　智慧城市投入产出评价指标体系 ……………………………… 89
　　6.1　评价原则 ………………………………………………… 89
　　6.2　投入要素评价指标体系 ………………………………… 90
　　6.3　产出成果评价指标体系 ………………………………… 100

7　智慧城市评价模型 ……………………………………………… 113
　　7.1　智慧城市投入产出系统的输入输出关系 ……………… 114
　　7.2　决策单元选择 …………………………………………… 114
　　7.3　输入输出指标确定 ……………………………………… 115
　　7.4　DEA 评价模型建立 ……………………………………… 133

8　智慧城市评价实证分析——以武汉市智慧城市为例 ………… 143
　　8.1　武汉市智慧城市建设现状 ……………………………… 143
　　8.2　数据的获得与处理 ……………………………………… 146
　　8.3　武汉市智慧城市建设效率的 DEA 测量 ……………… 158
　　8.4　测量结果分析 …………………………………………… 161
　　8.5　武汉市智慧城市建设的政策建议 ……………………… 164

9　总结与展望 ……………………………………………………… 171
　　9.1　主要结论 ………………………………………………… 171
　　9.2　研究展望 ………………………………………………… 175

参考文献 ……………………………………………………………… 178

附录：本文调查问卷 ………………………………………………… 195

后　　记 ……………………………………………………………… 200

1 绪论

1.1 研究背景及意义

1.1.1 研究背景

近年来,在智慧城市兴起的热潮下,智慧城市评价的研究逐渐引起人们的重视,越来越多的学者、专家对此课题产生浓厚兴趣。智慧城市评价研究有着深刻的理论和现实背景,主要表现在城市问题日益突出和智慧城市建设的兴起。

(1)城市问题日益突出。

随着改革开放的进一步发展,当前我国正经历着从农村、农业社会到城市、工业社会的巨大转变,"城市病"成为我国城市建设中面临的巨大难题。我国城市化进程中的突出问题主要有以下五个方面。

第一,人口问题。首先,我国城市化进程中的一个重要特征是农村人口大规模地向城市流动,使得城市人口数量激增,城市流动人口管理存在巨大困难。其次,我国正处于急剧老龄化阶段,城市老龄工作相对滞后的矛盾日益突出,而且由于城市社会养老保障制度尚不完善,导致城市老年社会管理工作相对薄弱。

第二,城市基础设施供应水平不足。城市化总体水平和质量滞后,形成了中国特有的"建制城市化"或"表面加速"。在我国大部分城市建设中,道路规划和建设的速度跟不上车辆增长的速度,造成城市拥堵;城市的医疗、教育和卫生等公共服务设施的建设规模和服务能力滞后于城市发展水平，且结构不合理、分布极为不均，城市间差距持续拉大。

第三，城市政府治理模式滞后。城市的快速发展与城市管理模式的落后之间的矛盾，使得城市化进程出现严重的城市管理缺位现象。当前城市政府对各类信息的采集、利用率低，信息管理缺乏规划；建立于计划经济年代的城市规划体系成为阻碍城市健康发展的主要问题。

第四，城市化进程的资源约束。人口的增长使得城市与自然环境的承载关系出现空前的矛盾，对气候、水和生物环境造成了一系列负面生态效应，使得环境承载了巨大的压力。

第五，社会问题。社会发展的转型期所表现出的众多社会问题，在城市发展的过程中得到积聚和放大。首当其冲的是社会分层、贫富分化负面效应逐渐显现，影响了城市化发展的进程和质量。

智慧城市作为城市发展的新形态，在我国的建设应发挥其内在价值，使我国在城市化进程中出现大量的城市问题能够得到有效的缓解或解决。

（2）智慧城市建设的兴起。

技术创新和变革是城市发展的重要推动力。当前信息技术孕育着新的重大突破，下一代互联网、物联网、移动宽带、云计算等新一代信息技术的迅速发展和深入应用，为城市发展提供了新动力。2008年11月，IBM整合新一代信息技术提出"智慧地球"概念框架，并将"智慧城市"整体解决方案作为"智慧地球"最重要、最综合的应用，试图充分利用新一代信息技术更好地理解和运营城市，优化城市资源配置。与传统的信息化城市相比，智慧城市的功能特征不仅仅局限于高速泛在的信息基础设施、智能精致的城市管理、透明高效的政府治理，而且还包括弹性软化的产业形态、包容的社会结构、舒适便捷的生活环境、高能个性的社会成员等，这对于解决当前城市发展面临的迫切问题，提升城市管理效能，提高公共服务水平，促进城市经济发展，实现城市价值等具有重要意义。

目前，包括美国、欧盟、韩国、新加坡等在内的50多个国家和地区陆续开展了智慧城市试点和示范工程建设，将智慧城市建设与城市经济发展、产业振兴、提高公共服务和社会治理能力紧密结合，并制定了相应的国家发展战略。

在国内，智慧城市的基本理念也得到了广泛认可，大部分大中型城市在其"十二五"规划及其配套信息化规划中明确提出了建设智慧城市的目标。到目前为止，包括北京、上海、深圳、武汉等在内的近200个城市和地区提出了智慧城市建设的规划。不少城市从整体发展需求出发，对智慧城市建设提出了自身的战略构想，它们的战略愿景主要围绕推动城市经济转型与产业升级，提供全面普及、快速、便捷的社会管理与公共服务，构建宜居家园，保护城市生态环境等内容展开。

尽管政府部门、企业和市民已经意识到智慧城市将为城市创造巨大的发展空间，很多城市准备或已经实施鼓舞人心的试点计划和示范工程项目，但是智慧城市建设尚缺乏一套有效可行的评价体系作为指导，使部分城市无法及时把握智慧技术发展带来的历史机遇。

1.1.2 研究意义

智慧城市作为一种新型城市发展形式，它集中了智力资源、知识和高新技术资源和信息，通过现代的管理理念和方法缓解、解决现代城市发展带来的资源紧缺、交通拥堵、基础设施供应不足、政府治理滞后等城市问题，从而大幅度地提高城市居民生活质量，促使社会和谐发展。在新一代信息技术兴起的大环境下，充分利用信息通信技术（ICT），智慧地感知、分析、集成，切实提升城市的整体功能，推动社会经济的可持续发展，成为我国智慧城市发展的新趋势。随着智慧技术的普及、智慧产业的兴起，智慧城市的建设必将成为我国城市化发展的新方向。

（1）理论意义。

第一，完善智慧城市的相关理论，为我国智慧城市建设提供理论支持。本论文将全面深入地对我国城市化建设基本模式进行剖析，从多角度、多方面对我国智慧城市基本模式进行全景描述，同时，集合我国智慧城市发展的现状与趋势，分析我国智慧城市的发展环境、发展趋势，为相应的智慧城市建设的基础理论提供支持。

第二，加强分析智慧城市评价模型，并以此为基础研究智慧城市的评价体系。本论文研究智慧城市评价体系的基础部分设计、总体框架和通用模型，结合分析智慧城市的系统要素，在设计智慧城市基础设施建设子系统、智慧城市应用子系统和智慧产业创新子系统的基础上，全面构建智慧城市的技术标准体系和评价体系。

（2）实践意义。

第一，为我国智慧城市建设提供突破口，推进城市的和谐发展。智慧城市建设所需要的信息技术、智慧产业等硬件设施、高技术人才等软件基础，以及政策支持、服务型的管理机构等环境因素，均需要完善的理论支持和指导。在此基础上，将智慧元素融入我国城市化建设中，从而带动智慧化城市建设，可以高质、高速的建设智慧城市，成为建设智慧城市的有力突破口。

第二，提供我国智慧城市的评价体系，提高我国智慧城市建设的有效性。在完善我国智慧城市基本模式相关理论和构建我国智慧城市发展顶层设计方案的基础上，通过对城市化评价体系和城市信息化评价体系的研究和实证考察，利用管理学理论和方法研究、构建我国智慧城市的评价体系，有助于党和政府在智慧城市的建设过程中做到综合考虑、合理布局、提前安排，以有效建设智慧型城市，满足和谐社会的要求。

第三，提供我国智慧城市建设的管理机制和保障机制，提高我国智慧城市建设的有效性。在完善我国智慧城市的相关理论和构建我国智慧城市发展的评价体系基础上，利用管理学理论和方法研究我国智慧城市建设的管理机制和应对策略，有助于中国政府在智慧城市的建设过程中做到综合考虑、合理布局、提前安排，以有效建设智慧型城市社会。

1.2 研究思路、研究内容、研究方法

智慧城市是一个新生事物，是一种全新的城市发展阶段。对智慧城市的评价研究也是新的课题，有很多内容需要探索。从目前已有的智慧城市

评价研究来看，虽然取得了一定的成果，但也存在一些不足之处。

首先，在指标体系方面，已有一些学者和研究机构设计了各具特点的指标体系，但这些研究仅从智慧城市建设所取得效果的视角，对建设成果进行评价，却忽视了城市建设的投入资源以及建设效率。而且在指标上存在数量过少、代表性不足，或者没有公开来源、可信度不高等缺陷，使得指标体系不能全面反映城市发展的面貌，因此，可操作性不强。

其次，在评价模型方面，只有少部分学者和研究机构的研究对其进行了探讨。而这些已进行探讨的研究，所构建的评价模型均仅针对智慧城市建设所取得的客观成果进行测评，且这种测评受限于缺乏统一的建设标准和公认的城市样板，因此，其科学性值得商榷。

为了弥补现有研究的不足，本文从投入产出的视角，对智慧城市的建设效率进行测评，既对建设中所投入的资源进行测量，也对建设所取得的成果进行评估，能够有效地克服因缺乏统一建设标准和公认城市样板而给评价研究带来的困难。

1.2.1 研究思路

本研究以当前智慧城市的兴起为切入点，以智慧城市为研究对象，探讨智慧城市的价值，分析智慧城市建设的风险，并从生产系统的视角，以投入产出理论为理论基础，对智慧城市建设的投入要素和产出成果进行研究、分类，进而建立相应的评价指标体系，然后以 DEA 的相关思想、内容为指导，构建智慧城市评价模型，最后进行实例研究，主要研究内容包括六个方面。

第一，探讨价值所在。本研究在相关学者的研究基础之上，通过对智慧城市的功能分析，基于城市价值链理论，对智慧城市所蕴含的价值进行解构、剖析。通过分析智慧城市对城市形态塑造和城市功能提升的作用，多维度、多层次的探讨智慧城市的内在价值。

第二，分析潜在风险。通过对前人的研究成果及部分智慧城市建设案例进行分析总结，本研究从智慧城市产生的理念开始，进而到智慧化发展的技术基础，再深入到城市存续和运转的产业主体，最后升华至城市内部的社会体系，从浅至深分析智慧城市建设中可能存在的风险，并进行详细解读。

第三，构建评价框架。本文将智慧城市的建设工作看作是一个生产系统，以投入产出理论为理论基础，对智慧城市建设的投入要素和产出成果进行深入分析、论证和解构。并综合吸收、运用人力资本理论、主导产业扩散理论、产业机构演变理论等成熟的理论研究和相关思想，结合智慧城市的内在价值、特征等，对智慧城市的投入要素和产出成果做出分类。

第四，建立指标体系。本文在国内外学者近年来的智慧城市研究成果之上，博采众家之长，融合国内外较有影响力的智慧城市评价体系，建立原始指标库，然后在投入产出理论的思想指导下，本着全面性、代表性、可测量等原则，对各项指标进行筛选、总结而得。除此之外，再从城市化评价、城市信息化评价研究中汲取帮助，提取通用性高、代表性强、具有可操作性的相关指标作为补充，建立一套具有代表性和普适性的智慧城市评价指标体系。

第五，选择评价模型。本文运用 DEA 相关理论，将 C^2R 模型和 Malmquist 生产率指数评判法引入智慧城市评价领域，使得多个目标区域之间，或单个目标区域不同时期之间的智慧城市建设相对有效性能够得到测评，而且还能够对目标区域在一段时期内智慧城市建设的全要素生产率变化等做出测评。

第六，进行实例研究。本文选择武汉市为实例，运用所建立的评价指标体系和评价模型，对武汉市 2011—2013 年的智慧城市建设状况进行客观测评，并对其中存在的问题提出针对性的政策建议。

1.2.2　主要研究内容

本书的研究主要基于社会学、系统工程学、城市化、城市信息化等研究成果，将智慧城市评价体系放在城市化高度发展、信息技术全面推广的大环境下进行研究。并在研究过程中，研读国内外城市化理论、信息化理论、系统理论以及社会学、统计学、公共政策评价方法、研究方法等领域的有关文献。在理论与实践相结合的指导下，根据研究特点及内容的需要，研究主要采用四种方法。

第一，文献研究法。通过收集、整理和分析城市化评价、城市信息化评价、智慧城市相关研究等大量的研究成果和文献资料，从中获得有关智慧城市评价的启发和有关的资料线索，并借鉴前人的研究、分析方法。

第二，系统分析法。智慧城市是以智慧技术的普及应用为基础，以社会和谐、环境友好等为价值目标。智慧产业的发展、智慧技术的应用和价值的实现产生相互促进作用，共同推进智慧城市建设和发展，其中包含了系统的网络关系。将"智慧城市"视为一个动态的复杂系统，运用系统分析的方法对其进行深入研究。

第三，数据包络分析法。我国智慧城市建设正在进行中，评价智慧城市的成熟度将难以在实践中进行，因此，选择对智慧城市的绩效评价是解决此问题的有效方法。数据包络分析法能够较好地对目标投入与产出的效果进行测评分析，因此，本文将主要运用数据包络分析法进行研究。

第四，案例分析法。对于智慧城市建设的实践，国内一些地区已经开始不同的尝试，并取得了一定的成果。本研究是基于实践提出的，其目的也是服务于实践。在本文中将会使用武汉市2011—2013年的智慧城市建设情况为实例，运用所建立的评价指标体系和评价模型进行测评，并对其中存在的问题提出针对性的政策建议。

1.2.3 主要研究方法

本书的研究主要基于社会学、系统工程学、城市化、城市信息化等研究成果，将智慧城市评价体系放在城市化高速发展、信息技术全面推广的大环境下进行研究。并在研究过程中，研读国内外城市化理论、信息化理论、系统理论以及社会学、统计学、公共政策评价方法、研究方法等领域的有关文献。在理论与实践相结合原则的指导下，根据研究特点及内容的需要，在研究过程中主要采用四种方法。

一是文献研究法。通过收集、整理和分析城市化评价、城市信息化评价，以及智慧城市相关研究等大量的研究成果和文献资料，从中获得有关智慧城市评价的启发和有关的资料线索，并在研究中借鉴前人的研究视角、分析方法。

二是系统分析法。智慧城市是以智慧技术的普及应用为基础，以社会和谐、环境友好等为价值目标。智慧产业的发展、智慧技术的应用和价值的实现相互产生促进作用，共同推进智慧城市建设和发展，其中隐含了系统的网络关系。将"智慧城市"视为一个动态的复杂系统，运用系统分析的方法对其进行深入研究，是本书的主要方法。

三是数据包络分析法。由于我国智慧城市建设正在进行中，将难以在实践中对智慧城市的成熟度进行评价，因此，选在对智慧城市的绩效评价将是解决此问题的有效方法。数据包络分析法能够较好地对目标投入与产出的效果进行测评分析，因此本文将主要运用数据包络分析法进行研究。

四是案例分析法。对于智慧城市建设的实践，国内一些地区已经展开不同的尝试，并取得了一定成果。本研究是基于实践提出的，其目的也是服务于实践。本书将会使用武汉市 2011—2013 年的智慧城市建设状况为实例，运用所建立的评价指标体系和评价模型进行测评，并对其中存在的问题提出有针对性的政策建议。

基于上述研究思路、研究内容和研究方法，综合形成了本研究的基本研究范式，其技术路线见图 1.1。

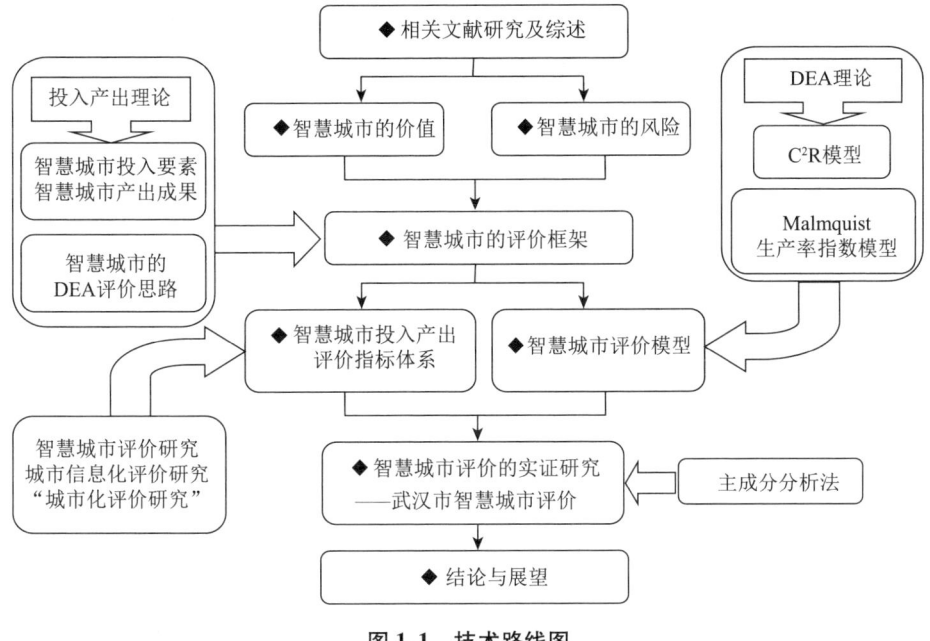

图 1.1 技术路线图

1.3 创新点

本研究的创新点主要有三个方面。

第一，从投入产出的新视角进行智慧城市评价研究，解决现有研究中只关注智慧城市建设成效而忽视对资源投入衡量的问题。目前有关智慧城市评价的研究工作大多是从城市信息化的角度入手，对智慧城市的成熟度进行评价。虽然利用这种思路进行的评价研究工作，能够在一定程度上反映出智慧城市建设所取得的成果，但是城市建设中的另一个重要方面——资源投入却无法得到体现。而且智慧城市的发展是建立在信息技术、物联网等的发展应用基础之上，并随之而变化的，所以目前并不存在统一的标准作为智慧城市的门槛，更不存在一个公认的智慧城市样本。因此，仅对智慧城市建设成果进行评价研究是不全面的，难以取得良好效果。而本研究从投入产出的视角入手，对智慧城市建设中投入资源和所得成果进行全面测评，衡量城市建设效率，不仅能够更加全面地反映智慧城市全貌，还能够有效地解决上述问题，以弥补现有的研究缺陷。

第二，建立一套更综合、全面的智慧城市评价指标体系，弥补了现有研究中评价指标体系代表性不足、覆盖面不广等问题。虽然已有学者对智慧城市评价进行了研究，并建立了多个评价指标体系，但普遍存在着一些缺陷，如指标数量过少、代表性不足，定性指标较多、可操作性不强等问题，使得这些指标体系在实际操作中具有一定难度。本研究力图从城市化评价和城市信息化相结合的角度入手，对智慧城市建设的绩效进行评价研究，并在借鉴、吸收现有智慧城市评价、城市化评价和城市信息化评价核心内容的基础上，以代表性、前瞻性、可操作性等原则为指导，从投入产出的视角构建智慧城市评价指标体系。本研究所建立的指标体系覆盖智慧城市的 26 个主要方面，共包含 175 项指标，均为现有研究中共识度较高、普适性较强的指标，具有代表性，其中 167 项为客观指标，从而使该方法在实际运用中可操作性较强。

第三，采用 Malmquist 生产率指数评判方法构建了一套智慧城市评价模型，弥补了现有研究只评价智慧城市建设的有效性问题。现有的智慧城市评价研究大多只关注评价指标体系的构建，对于评价模型的研究较少，而这些少量涉及评价模型的研究均以测评智慧城市成熟度为目标。到目前为止，在世界范围内并没有一个完全满足现有设想的智慧城市样本，中国的智慧城市建设更是刚刚起步，并且智慧城市的建设是随着经济建设、信息技术、网络技术等的进步而不断发展，所以对一个城市的智慧程度和智慧城市发展阶段都难以进行评判。因此，以测量智慧城市建设效率为目的进行评价工作，能够避免上述缺点，达到令人满意的效果。本研究所建立的智慧城市评价模型以 C^2R 模型和 Malmquist 生产率指数评判模型为基础，能够有效地对多个目标区域之间，或单个目标区域不同时期之间的智慧城市建设进行相对有效性的测评，同时测评目标区域在一段时期内智慧城市建设的全要素生产率变化等，具有可用性强、可信度高等优势。

2 文献综述

智慧城市评价研究是一个新领域,目前国内外对于智慧城市评价的研究相对较少。本研究对智慧城市评价的基本思路,是在对城市化评价和城市信息化评价进行梳理、总结的基础上,提取能够反映智慧城市建设的部分,融入本研究设计的智慧城市评价体系中。因此,需要对现有智慧城市评价研究、城市化评价研究和城市信息化评价研究进行总结、分析。

2.1 智慧城市评价文献综述

2.1.1 国内外智慧城市评价研究

目前,国外有关智慧城市评价指标体系方面的研究,因不同的组织或学者对智慧城市的理解存在或多或少的差异,其不同的指标体系或用定量的测量、或用定性的说明,在范围选取、数据收集、指标和权重设定存在较大的不同。较有代表性的欧洲智慧城市组织设计的一套"智慧城市"评价体系,由智慧经济、智慧移动、智慧环境、智慧民众、智慧生活和智慧管理六个方面组成,共包括了33个二级指标、74项三级指标。智慧社区论坛用定性描述的方法设计了一套城市和社区智慧程度的评价体系,包括宽带连接、知识工作者、数字包容、创新、营销和宣传五个方面,并可以进一步分为18个次级评价指标。

目前,国内有关智慧城市评价指标体系方面研究成果较少,主要以城市信息化测评为基础。进行相关研究的学者基本思路较为一致,均是从城市信息化评价的要点和路径入手,并进一步融入智慧城市的内容、特征、建设思路和推进模式等方面，提出相应的智慧城市评价指标体系。

邓贤峰（2010）提出，在评价指标体系具有可采集性、可加性和认知性的原则上，智慧城市评价指标体系可以分为智慧城市网络互联领域、城市智慧产业领域、城市智慧服务领域、城市智慧人文领域四大部分，并可以进一步分解为21个次级评价指标。陈铭和王乾晨等（2011）构建的智慧城市评价指标体系主要包含四大部分：智慧城市基础设施领域、城市智慧产业领域、城市智慧服务领域、城市智慧人文领域，总共23个评价指标，并以南京市作为案例进行具体分析。李贤毅和邓晓宇（2011）比前人更进一步地关注到智慧城市的价值实现方面，认为智慧城市评价指标体系从表面上看，应对城市在经过信息化建设达到智慧化后的价值进行着重考量和比较，因此，指标体系应能起到价值导向的作用，在选择指标之时应能起到引导政府决策和执行的作用，使政府在城市建设中更加注重效益。在这种思路指导下，他们所构建的智慧城市评价模型呈现为一个金字塔形状，处于底层的是智慧城市基础设施评价指标，包括泛在网络、智慧应用和公共支撑服务，而金字塔的顶端——"智慧城市价值实现"则用以衡量智慧城市的价值；建立了一套由泛在网络、智慧应用、公共支撑平台、价值实现四个维度构成的，包含了19个二级指标、57个三级指标的测量体系。

此外，还有一些学者和研究机构用定性的方法对智慧城市评价体系作出了描述。如李健、张春梅和李海花（2012）提出，智慧城市的评价可以从三个方面进行，即应用水平、信息通信基础设施水平和实际的应用效果。中国电信智慧城市研究组（2011）则指出，智慧城市评价指标体系具有高度的学科交叉性和综合性，在现阶段的重点是抓住城市智能化框架体系的基本内容，其评价体系应采用硬指标和软指标相结合的评价方法。硬指标体系由反映城市基本信息化水平、反映智能应用水平和城市创新水平三个模块组成，而软指标体系一般能够反映城市的交通评价、政策法规、知识创新、居民生活和政府管理等方面。

2011年7月1日，针对中国的本身特点，为中国智慧城市建设量身打造的"智慧城市评价指标体系 1.0"在上海浦东智慧城市发展研究院发布。在指标具有可采集性、代表性、可比性和可扩展性的原则指导下，该指标体系主要可分为智慧城市基础设施、智慧城市公共管理和服务、智慧城市信息服务经济发展、智慧城市人文科学素养、智慧城市市民主观感知五个维度，包括 19 个二级指标、64 个三级指标。

2.1.2 现有的智慧城市评价研究评述

通过综合分析现有的相关研究可以发现，现有的智慧城市评价指标体系研究已取得一定成果，能够将有关城市信息化评价的理念和已有成果融入对智慧城市的评价当中，并做到了相应的细化和具体应用。这些成就是值得肯定和借鉴的。

但是，在经过详细研究和分析之后可以发现，现有的关于智慧城市评价的测量方面主要存在以下三个问题。

第一，国内学者对于智慧城市评价主要关注城市信息化方面，而忽视了其他有关城市评价的重要维度。其中以邓贤峰、陈铭、李贤毅、邓晓宇等为代表的一些学者，其设计的智慧城市评价指标体系思路均是在对城市信息化评价的基础上，融入智慧城市特点而得。此研究路径突出了"智慧城市充分利用物联网和互联网等信息通讯技术"这一核心。然而，IBM 在提出智慧城市概念时明确指出，城市包含了组织（人）、业务/政务、交通、通信、水和能源六个核心系统，智慧城市作为城市发展的较高级阶段，其评价指标体系也应包含对城市核心系统的测评，而不是过于关注对城市信息化的评价。

第二，不同学者或研究机构的测量标准和工具不一致。关于智慧城市评价的测量，国内外研究缺乏统一的测量标准和工具，有的偏重经济建设、社会发展方面，有的则偏重城市信息化和民众智慧程度方面，还有主观性较强的定性描述式评价，测量标准和方法多种多样。

第三，测量指标的拟定因人而异，具有一定主观性，部分指标的理论分析和科学论证较为缺乏，在实际测量运用中部分指标可操作性较低。其中，邓贤峰、陈铭等学者设计的评价指标体系较为简单，主要是通过对智慧城市中的智慧应用进行测量，以达到对智慧城市评价的目的。

2.2 国内外城市化评价文献综述

2.2.1 国外城市化评价文献综述

国外学者较早开始城市化的理论研究，对城市化评价的研究也多有涉及，其中包括对城市化水平的评价，城市中文化、生态、人口等各个方面的评价，所运用的方法也多种多样。

(1) 人口评价法。

人口评价法是指用居住在城市的人口占总人口的比重，来表示一个国家或地区的城市化水平。有关人口城市化的理论中，Ray. M. Northam 的理论较有代表性。

从人口的聚集角度对城市化水平进行衡量，最早见于美国的城市地理学家 Ray. M. Northam 的研究。1979 年，Ray. M. Northam 概括出了一条规律，他认为不论在哪个国家或地区，城市化的进程都呈现出一条拉平的"S"型曲线。在这个过程中人口逐步向城市流动集中，并显现为三个阶段：第一阶段，人口城市化率低于 30% 时，称为初始的城市化发展阶段。在这个阶段中，社会结构仍然呈现出"传统乡村社会"的特征，社会经济结构也以农业为主，第二三产业发展缓慢，城市化水平较低，人口缓慢向城市流动。第二阶段，人口城市化率处于 30%~70% 时，称为加速发展的城市化阶段。在这个阶段中，社会结构从"传统乡村社会"逐步转变为"现代城市社会"，城市经济结构发生重大变化，第二三产业迅速发展，并成为社会经济支柱，而农业作为基础性经济结构的地位在不断下降，人口就业结构也从以第一产业为主转变为以第二三产业为主，人口加速向城市流动。第三阶段，人口城市化率超过 70% 时，称为城市化成熟阶段。在这个阶段，城市化进程已经变得较为成熟稳定，第二三产业的就业比重占到社会就业总人口的绝大多数，而第一产业的就业人口比重则下降到10%以下，人口向城市流动的速度降低，趋于平缓，并伴随着出现人口向农村回流的现象。Ray. M. Northam 提出的人口城市化规律至今影响深远，揭示了人口城市化的基本规律，并成为西方乃至世界城市化理论中的经典。

人口评价法在国外早期有关城市化评价的研究中运用较多，也是较为简便的方法。计算公式为：

$$Y = \frac{U}{U+R} \times 100\% = \frac{U}{P} \times 100\% \qquad (2-1)$$

其中，Y表示城市化水平，U表示城市人口，R表示农村人口，P表示总人口。

以此原理为基础进行城市化水平测量的研究较早，如 Kingsley Davis 和 Hilda H. Golden（1954）研究了前工业化地区的城市化问题，主要对地区城市化与地区经济、工业化水平、人口之间的关系进行了分析，指出一个地区的城市化总是与该地区的经济化发展水平相关联的。在他们的研究中，主要用地区人口聚集程度来反映城市化水，提出 $P_c = uP_t$，其中，P_c是城市人口，u是城市化率，P_t是总人口。

以城市人口占总人口的比重这一指标来衡量城市化水平，具有表征性强、便于统计、便于比较等优点。但这种方法也存在着一定的片面性，首先，不同国家、不同地区对于境内人口的内涵、分类等有着较大的差异，这使该方法在不同时期、不同地区间的可靠性和可比性较低；其次，这种方法测量得出的是一个相对数，忽略了一个国家或地区的城市规模，以此方法进行城市化水平测量，有可能会导致城市小、人口少的国家与城市大、人口多的国家具有相同的城市化水平。

（2）复合指标法。

国外对于城市化评价指标体系的系统研究、著作并不多见，大多分散于各种社会研究、经济发展理论中。以复合指标体系为基础的评价方法中较为常见、成熟的有以下五种。

第一，城市度测量法。城市度测量法是一种较为成熟、常见的城市化水平评价方法，由日本学者服部吉二郎、加贺谷一在1960年共同提出。这种测量方法包含的指标体系有城市规模、城市区位、城市经济活动、城市就业、城市人口增长五个主要方面，并在每个方面提出了一些具有代表性的主要评价指标。

第二，城市度复合指标法。城市度复合指标法是一种较为常见的城市化水平评价方法，由日本学者稻永幸男在1960年提出。这种测量方法包含的指标体系有城市地域规模、位置、经济活动、静态人口结构、动态人口结构五个主要方面，共16个详细指标可供测量操作。

第三，城市成长力系数法。城市成长力系数法与前两种城市化评价方法相比，出现较晚，由日本"东洋经济新闻报社"于1971年所提出。该方法共包含地区总人口、地方财政年度支出额、制造业从业人数、商业从业人数等10个具体指标。在此基础上，"东洋经济新闻报社"对日本的主要城市进行了城市化水平测量。

第四，克劳克指标体系。20世纪70年代，英国地理学家Cloke.P在对英格兰和威尔士农村进行研究时，建立了一套包含人口、职业、居住地距离城市中心距离远近等16个指标在内的评价指标体系。

第五，联合国指标体系。1976年，出于世界范围内的城市化进程发展迅速，联合国亚太经济与社会委员会（ESCAP）在进行第32次会议时提出，要对世界各国的农村居民点发展和规划进行专项讨论研究，并于1979年以联合国资料的方式出版了《农村中心规划（RCP）指南》。该指南对各发达国家和发展中国家的城市化进程进行了详细研究，并运用人均收入、非农业产值百分比、人口出生率等19个指标对城市化与经济、社会、人口之间的关系进行了评价。

从上述文献中可以看出，国外学者对城市化水平进行评价时，将复合指标法作为一种重要方法，其思路是针对城市的基本特征构建一套综合在指标体系，其中包含多个可以具体测量的指标，然后根据测量各指标所得的数值，利用某种模型和计算方法测算综合值，以此作为所评价目标的城市化水平程度的表现。而在具体的研究中，基于所选的特定目标，不同研究人员所构建的指标体系和运用方法均有所差异。

(3) 城市环境治理研究。

在现有的对西方城市化的发展实践研究中，已逐渐从对整体城市化水平的评价转向时城市发展中的具体问题的研究、评价。

Spence. David. B（2001）在对美国的法律体系进行研究时提出，企业在进行生产活动中不仅要发挥社会经济职能，还要在环境治理中发挥相应作用，并从理性人的角度对企业的污染行为进行了研究。Eckerberg Katarin 和 Joas Marko（2004）则认为，政府应转移、外包一部分政府职能，积极地与私营部门和社会组织进行合作，促使多主体间合作承担社会环境的治理和保护。

Anderson. J 和 Iyaduri. R.（2003）对城市化中水资源的使用和规划问题进行了研究，他们指出政府和地方当局在扭转河流水质下降和确保水资源可持续使用的努力中，引入水资源综合利用、污水处理和排水计划是水资源利用改革举措的重要方向。Diss. Kashuba 和 Roxolana Oresta（2010）运用贝叶斯法对"城市化对水生生态系统影响的预测模型"中的不确定性因素进行了研究。Jingfen Sheng 和 John P. Wilson（2009）以洛杉矶大都会地区为例，研究了流域城市化对洪水的分水岭作用。

从上述文献中可以看出，国外关于环境治理的研究已经较为深入，且形成了理论体系，对评价城市化中的环境可持续发展指标提供了理论指导。而且，国外研究大多与实践相结合，有着极为重要的现实意义。

2.2.2 国内外城市化评价文献综述

随着我国城市的日益发展进步，人口、经济、文化、土地、市政设施等因素对城市化的进程有着巨大的影响，因此，构建科学的城市化评价指标体系是城市发展的必然。目前，国内很多的学者都认识到了这个问题，从不同的角度和学术区域构建了很多的评价体系。目前，国内学者对城市化水平的测度方法主要有单一指标法和复合指标体系法两种。

(1) 单一指标法。

单一指标法是通过选取城市化水平中某一主要方面作为评价指标，并对其作出测量、评价，以此反映城市化水平的评价方法，具有简单、便于操作的特点。而人口比例指标则又是单一指标法中最常用的城市化测度指标。

沈迟等（1997）在对珠江三角洲区域的城市化水平进行研究时，主要运用了人口比例法进行测评，提出城市化水平可以用非农业人口和从事第二三产业的农业劳动力数之和所占总人口的比重来表示。

赵燕青等（2000）从社会分工的角度入手，提出用城市人口是总人口减去总人口与恩格尔系数乘积的差值，而城市化水平就是城市人口占总人口的比重。这种方法的实质就是测定每个人的城市化水平，进而认为城市化总水平就是所有人的城市化水平占总人口的比重。

单一指标法大多是从人口比重的角度衡量城市化的水平，具有操作简单的特点。但是，这种方法难以对城市化的丰富内涵作出全面反映，难以反映城市化水平的全貌。

(2) 复合指标法。

复合指标体系法是通过选取多个指标，各个指标分别能够反映城镇化各方面基本特征，再运用一定的方法通过这些指标计算出一个反映城市化水平的综合值，从而得出一个地区的城市化水平。

①城市化水平评价原则。

关于城市化水平评价指标的选取原则，国内学者研究比较活跃，据统计，主要集中在以下六个方面。

第一，系统性原则。程如轩和李澄清（2005）指出，城市化是一个综合的转变过程，涵盖了社会中的经济、人口、环境等多种要素，在对城市化水平进行测量时要构建出一个可以反映城市化主要特征的指标体系。因此，城市化水平指标应当综合考虑经济、人口、生态环境等各方面的关联性，涵盖经济、社会、环境等各个方面，对各因素关系进行系统的、综合的描述（侯学英，2005；刘艳军等，2006；官静和许恒国，2008），不应片面追求城市化水平和城市规模（李明秋和郎学彬，2010）。

第二，科学性原则。任军号等（2005）提出，具有基本的科学性是进行城市化评价的基本前提之一，城市化评价指标体系同样如此，即能够所选指标要能真实可靠的反映评价目标。所选指标含义要明确，对一个指标不能有多重解释（王富喜等，2011），信息要尽量全面，所获得数据要尽量准确、可靠，所选指标要具有坚实的理论基础。（官静和许恒国，2008）。

第三，动态性原则。刘克利等（2003）认为，城市化是一个连续动态的过程，在建立城市化水平评价指标体系时，应看到城市发展趋势，使评价指标体系具有动态延续性，在一定时期内均能客观地反映城市化水平。所以，评价指标体系中的指标要能在一定时间内适应环境的变化，要在项目、度量权重等方面具有动态性（李明秋和郎学彬，2010）。

第四，层次性原则。刘定惠等（2004）提出，表征城市化水平的评价指标体系中，任何指标都必须建立起与其他指标之间的内在联系，合理确定其在指标体系中的层次与位置。

第五，可操作性原则。李明秋和郎学彬（2010）指出，城市化评价指标体系要能真实可用，所选指标要能够获得现实数据，统计口径一致，使其具有可量化和可比性。也有学者提出了与此相似的观点，即评价指标要能够获取数据，指标的含义明确，数据信息可以采集，能够运用常用的计算方法予以计算，而且计算结果不论在不同目标间的横向，或是同一目标不同时期的纵向之间都具有可比性（刘艳军等，2006；官静和许恒国，2008；等）。

第六，其他原则。在城市化水平评价指标体系构建的原则上，除了上述较为集中的观点外，不少学者从独特的视角提出了不同的观点。国家城调总队福建省城调课题组（2005）提出了人本化原则和公平性原则。任军号等（2005）和宫继萍等（2012）均提出了分布性原则和数字化原则。除以上原则之外，针对性原则也被一些学者看重，学者们认为，评价指标体系必须从城市化的本质出发，兼顾城市化的功能和影响，使所选指标具有可行性和代表性（程如轩和李澄清，2005；都沁军，2006；乌敦和李百岁，2009）。李继云和普希宁（2007）认为应遵循弱相关性原则，所选指标间要避免高度相关，与此相似的还有李明秋和郎学彬（2010）提出的独立性原则。刘春等（2010）在对武汉城市圈结构性发展水平进行评价时，所选指标还须遵守全面和重点相结合的原则。孙宝明（2010）在对辽宁省区域城市化水平进行评价研究时提出了典型性原则和前瞻性原则。李正文（2011）提出所选指标要遵循代表性原则和精简性原则。谢贤健（2011）构建的评价指标体系还遵循了区域分异原则和主导因素原则。戴磊和赵娴（2012）在选取评价指标时提出了多样性原则和权威性原则。

通过对国内学者在城市化水平评价方面的研究进行总结，发现虽然不同的学者有着不同的观点，但多数学者认为，系统性、科学性、动态性、层次性和可操作性原则是进行城市化水平评价的基本原则。

②城市化水平评价方法。

国内学者对城市化评价方法的研究主要集中在两个方面，即确定指标权重系数和构建评价模型。据统计，国内学者在相关评价研究中运用的方法主要包括以下六种。

第一，层次分析法（AHP）。层次分析法在城市化水平评价研究中的运用较为普遍，是一种简单易行的研究方法。张丽霞和施国庆（2004）在城市化水平评价研究中，运用改进的层次分析法确定指标权重。刘艳军等（2006）在对15个副省级城市的城市化水平进行测评时，在确定指标权重上运用了层次分析法。另外，白先春等（2004），国家城调总队福建省城调课题组（2005），孙宝明（2010）等学者和研究机构均运用层次分析法来确定所选指标权重。

第二，德尔菲法。此方法又称专家评价与打分法，是确定评价指标权重的一种简易方法。吴艳霞和张道宏（2005）运用德尔菲法确定所选指标权重。官静和许恒国（2008）选择用德尔菲法确定其在城市化水平评价研究中所选指标的权重。在城市化水平评价研究中运用德尔菲法的学者还包括刘定惠等（2004）、袁晓玲等（2008）。

第三，因子分析法。因子分析法是各类评价研究中常用的方法，包括主成分分析法等方法。徐建中和毕琳（2006）运用因子分析法对中国35个城市进行了城市化水平评价。戴磊和赵娴（2012）在建立评价指标体系时，运用主成分分析筛选各项指标。在城市化水平评价中运用因子分析法的学者还包括刁丽琼等（2011）、王富喜等（2011）、谢贤健（2011）等。

第四，线性加权法。线性加权法在评价研究中运用范围较广，是国内城市化评价研究中常用方法之一。官静和许恒国（2008）在对江苏省进行城市化水平测度时，运用线性加权法作为评价模型。党国锋和赵军（2008）运用线性加权求和法对兰州市城市化水平进行了评价。其他运用线性加权法进行城市化水平评价研究的学者还包括吴艳霞和张道宏（2005）等。

第五，熵值法。韩增林和刘天宝（2009）运用熵值法对出拉萨外的286个地级以上城市的城市化质量进行了分析。陈明星等（2009）基于熵值法，对1981—2006年的中国城市化进行了综合测度。欧向军等（2008）在对1991—2005年江苏省城市化水平进行综合分析时，亦运用了熵值法。

第六，其他方法。在对城市化水平进行测量的相关研究中，所运用到的方法多种多样，除上述方法外，不少学者从独特的视角提出了多种方法。陈文峰等（2011）引入多目标决策的TOPSIS法并结合信息熵值法，对河南省各地市在2001—2009年间的城市化水平进行综合评价。方创琳和王德利（2011）借助象限图法建立了城市化评价指标体系，并引入阿特金森模型，构建了城市化发展质量的分要素测度模型和分段测度模型。乌敦和李百岁（2009）在对内蒙古城市化水平地域差异分析时，运用了模糊综合评价法构建了城市化水平指标体系。张丽霞和施国庆（2004）运用了物元模型对江苏省城市化水平进行了综合评价。

综上所述，多指标综合评价法能够更好地反映城市化各个方面，具有明显的优势，已成为城市化评价研究中的主流。多指标综合评价法的基本思路是：分析评价对象的基本特征，选择能够反映评价对象各个侧面的指标，综合形成指标体系，再通过一定的方法计算得到一个反映评价对象综合水平的指数，从而评判评价对象的城市化水平。

③城市化水平评价指标。

城市化水平的评价指标众多，不同研究建立的评价指标体系各有侧重，但根据对现有文献中评级指标的统计，城市化水平评价指标主要包含以下五类。

第一，经济类指标。以反映城市经济发展水平为目的，这类指标可以归纳为四个主要方面：经济规模类、产业结构类、经济效益类和经济开放程度类。一部分学者从经济规模和产业结构的角度，提出了GDP总量、GDP增长率、二三产业产值占GDP比重等指标，用以衡量城市经济发展水平（代合治和刘兆德，1998；孟素洁和黄序，2004；陈明星等，2009；范斐和孙才志，2010；等等）。一部分学者用引进或利用外资额等指标衡量经济开放程度，与经济规模、产业结构方面指标一起评价经济发展水平（刘艳军等，2006；饶宝红等，2006；袁晓玲等，2008；等等）。另一部分学者和研究机构除选择经济规模和产业结构类指标外，还从经济效益的角度进行测评，选择了人均财政收入、万元GDP能耗等指标（国家城调总队福建省城调课题组，2005；石培基和杨银峰，2009；李明秋和郎学彬，2010；等等）。也有学者构建的评价指标体系中，这四个方面均有涉及（白先春等，2004）。需要指出的是，还有学者在衡量城市经济发展水平时，选择人均收入、人均消费性支出等反映居民生活质量的指标（程如轩和李澄清，2005；乌敦和李百岁，2009；等等）。

第二，基础设施类指标。这类指标主要反映城市基础设施的完善情况，按照服务性质的不同主要分为生产基础设施、社会基础设施和制度保障机构，目前国内城市化水平评价研究多从前两者选取基础设施评价指标。在生产基础设施方面，大多数学者从供水、供电、供气、道路和交通设施等角度选取评价指标，如供水普及率、人均年用电量、燃气普及率、人均道路面积等（代合治和刘兆德，1998；白先春等，2004；陈明星等，2009；乌敦和李百岁，2009；等等）；也有一部分学者从邮电基础设施、排污设施等方面选取评价指标，如邮电业务量、排水管道密度等（孟素洁和黄序，2004；谢贤健，2011；等等）。在社会基础设施方面，大部分学者从文化教育、医疗卫生、公共交通等角度选取评价指标，如人均道路面积或长度、交通道路密度、万人拥有医生数、万人拥有公共汽车等（侯学英，2005；程如轩和李澄清，2005；刘艳军等，2006；韩增林和刘天宝，2009；等等）；另外有一些学者从文化娱乐设施、通信机构等角度选取评价指标，如人均拥有图书馆藏书量、万人拥有影剧院数、互联网普及率等（孙亚范和余海鹏，2004；吴艳霞和张道宏，2005；乌敦和李百岁，2009；等等）。还有一些学者从基础设施投资额的角度选取指标，对城市基础设施建设进行评价，如固定资产投资占GDP比重、人均城市维护费等（石培基和杨银峰，2009；刘春等，2010；等等）。

第三，人口类指标。目前，在国内城市化水平评价研究中，人口类指标主要是反映城市人口聚集、人口就业结构和人口素质的状况。在人口聚集方面，大部分学者从人口总量、区域人口比重、人口增长等方面选取评价指标，如城镇人口总量或城镇人口占总人口比重、人口自然增长率、人口密度等（欧向军等，2008；陈明星等，2009；孙宝明，2010；等等）。在人口就业结构方面，现有研究主要以非农人口比重、二三产业从业人口比重等指标进行测量（侯学英，2005；国家城调总队福建省城调课题组，2005；乌敦和李百岁，2009；等等）。在人口素质方面，大部分学者从人口受教育程度的角度选取指标，如万人受高等教育人数、万人高等学校在校学生数、万人大专以上学历人员数等（白先春等，2004；张丽霞和施国庆，2004；李明秋和郎学彬，2010；等等）；还有一些学者从教育投入的角度选取评价指标，如教育经费占GDP比重、人均教育支出等（刘克利等，2003；侯学英，2005；等等）。

第四，环境类指标。以反映城市环境建设的情况为目的，环境类指标主要分为两个方面：自然环境建设和废物处理情况。在自然环境建设方面，大部分学者从绿化水平的角度选择评价指标，如建成区绿化覆盖率、人均公共绿地面积等（侯学英，2005；吴艳霞和张道宏，2005；饶宝红等，2006；党国锋和赵军，2008；等等）。在废物处理情况方面，一部分学者从废物处理达标率的角度选择评价指标，如污水处理率、垃圾处理率、三废利用率、噪声达标面积等（国家城调总队福建省城调课题组，2005；韩增林和刘天宝，2009；李崇明，2010；陈文峰等，2011；等等）；另一部分学者从污染物排放量的角度选择评价指标，如每平方公里二氧化硫排放量等（白先春等，2004；刘艳军等，2006；孙宝明，2010；等等）。需要指出的是，还有学者从污染治理投资的角度选取评价指标，如环境治理投资占 GDP 总额等（赵雪雁，2004；白先春等，2004；等等）。

第五，社会发展程度类指标。社会发展体现了城市化发展的最终目的（李继云和普希宁，2007），社会的城市化不仅表现在城市物质空间的扩展等外延型发展，更重要的表现在城市社会功能的增强以及城市社会服务水平、社会稳定程度等的相应提高（侯学英，2005）。此类指标主要集中反映城市居民生活水平、地区科技发展水平、地区教育水平以及地区医疗卫生情况等方面。在居民生活水平方面，大部分学者从居住条件、居民收入、居民消费等方面选取评价指标，如人均居住面积、人均收入、人均消费性支出等（赵雪雁，2004；欧向军等，2008；韩增林和刘天宝，2009；李崇明，2010；等等）。在地区科技发展水平方面，大部分学者从科技活动支出和科技人员数的角度选取评价指标，如科技活动经费占财政支出比重、人均科技活动支出、万人拥有各类科技人员数等（张丽霞和施国庆，2004；侯学英，2005；国家城调总队福建省城调课题组，2005；等等）；也有一部分学者从科技活动带来的收益角度选取评价指标，如地区年专利授权量、科技活动对 GDP 增长贡献率等（程如轩和李澄清，2005；刘艳军等，2006；等等）。在地区教育水平方面，大部分学者所选评价指标与人口素质评价指标相同。在地区医疗卫生方面，大部分学者从医疗卫生覆盖率的角度选取指标，如万人拥有医院床位数、万人拥有医生数等（吴艳霞和张道宏，2005；乌敦和李百岁，2009；李明秋和郎学彬，2010；等等）。除了上述四个方面之外，还有一些学者在选择社会发展水平类指标时有着独特的见解。白先春等（2004）在对江苏省 13 个省辖市的城市化水平进行测量时，将恩格尔系数作为居民生活质量指数的评价标准之一。韩增林和刘天宝（2009）所构建的城市化质量评价指标体系中，选择人均存款数额作为评价居民生活质量的指标之一。方创琳和王德利（2011）所构建的城市化水平评价指标体系中，用期望寿命和成人识字率来测量人类发展指数。

从上述分析可以看出，在关于城市化评价指标的选取范围上，国内学者的意见趋于一致，但在选取的具体指标上，不同学者有着不同的观点。

2.3 国内外城市信息化评价文献综述

2.3.1 国外城市信息化文献综述

（1）城市信息化评价文献综述。

目前，在国际上关于信息化水平的测度方法还没有统一的标准，但较为著名的有以下五种。

①马克卢普法。

美国经济学家马克卢普（1962）构建的马克卢普法是对信息产业进行评价的经典方法，至今影响深远。该方法对知识产业进行了划分，将其分为五个方面：教育产业、通信媒介产业、研究与开发产业、信息设备产业、信息服务产业。马克卢普从国民生产总值的角度入手，以国民生产总值的最终需求为目标，运用该方法对美国的知识产业总量进行了测量。

马克卢普法对后来的信息化测评研究产生了深远影响。马克卢普最早将信息产业视作一个单独的部门，并对信息产业的产值、从业人数进行统计，并分别计算信息产业在国民生产总值中所占的比例和在就业总人数中的比例，从而衡量国家的信息化水平。但是这种方法也存在着难以避免的缺陷，即：在实际操作中难以准确区分出信息产业与其他产业，并且计算较为复杂，使得在实际运用中存在一定困难。

②日本的指数测评法。

日本经济学家小松畸清介（1965）提出了著名的信息化指数法，由信息量、信息装备率、通信主体水平、信息系数四个方面组成，并从当时信息传播的邮电、广播、电视新闻等主要渠道入手，选出具有代表性的 11 个指标，从而构建出一个社会信息化水平评价体系。

③波拉特法。

信息化水平的评价研究真正得到快速发展的时间是二十世纪六七十年代，美国学界出于信息经济对国民经济影响的关注，宏观层面上以信息经济学为理论依据，注重对信息经济的测评。其中以美国经济学家马克·波拉特在 1977 年提出的"波拉特法"最为著名。该方法以信息劳动者占总就业人口的比重，信息产业产值占 GDP 的比重，信息产业增加值占 GDP 的比重为主要评价指标，计算测评信息经济对国民经济的贡献率，可以有效地反映出信息经济所发挥的作用。该方法严谨规范，但因数据统计的困难，在操作中具有一定难度。

④国际电信联盟法。

1995 年，西方七国集团召开"信息社会"大会，国际电信联盟在这次会议中提出了一套评价指标体系，用于对七国的社会信息化水平进行评价分析。国际电信联盟对信息产业做出了划分，包括电信服务和设备、计算机服务和设备、声音与电视广播和设备、声像娱乐四个方面，并在每个方面进行了指标的划分和筛选，又分为电话主线拥有量、计算机拥有量等六大类、12 小类。以该指标体系为基础的社会信息化评价方法在后来被称为国际电信联盟法，又因为该方法最初的提出是为了对西方七国的社会信息化水平进行测评，所以也被称为"西方七国法"。

⑤国际数据公司法。

国际数据公司在 1996 年对世界各国和地区的信息化水平进行测评和比较分析时，建立了一套信息社会指数法，其评价指标体系包括三个主要方面：社会基础结构、信息基础结构、计算机基础结构。该方法在后来又被人们称为"ISI 法"或"信息建设指数法"。

（2）有关信息化与城市发展的研究。

20 世纪 80 年代起，国外学者越来越关注信息技术对城市发展的影响，并在地理、经济、规划、信息、计算机等各个学科领域均有研究,所得研究成果主要集中在以下三个方面。

①信息技术与城市发展的关系。

Moss(1986)通过考察电讯新技术对城市增长和发展的影响发现:先进电讯技术的发展和普遍应用对城市发展有着双重影响,既会产生集中化的影响,也会产生分散化的影响。但是,在城市发展过程中,新的电讯设施大多集中在大都市的中心地带,这仅对城市的发展产生积极的推动作用,而偏远地区则无法享受其带来的效益。

随着信息技术对城市影响的加深,城市经济、社会和文化如何与先进的、基于计算机的远程通信网络实现互动,成为学者们的重要研究内容。Mitchell(1995)对线电子流影响城市经济发展的现象进行了研究,并且在互联网络普及的背景下,对现实场所与虚拟社区之间的互动、由城市中公共空间形成的传统文化与由网络中虚拟空间形成的赛博文化之间的互动进行了研究。Graham 和 Marvin(1996)指出,城市的发展与计算机互联网的发展相互交织,使得城市中的经济、社会和文化在大都市区中日益紧密相连,并形成一个新的系统。该系统脱胎于传统城市区域,并对城市产生深刻影响。

在城市信息化建设的研究中,也有学者提出了信息技术在城市发展中应有的作用和价值。Diss. Oswald 和 Kathleen Frazer(2011)提出了信息化基础设施在城市中应发挥的价值,即更好、更快、更智慧、更强大。

②信息技术与城市空间变化。

新技术的出现和蓬勃发展,使得工业生产从传统模式转向了信息生产模式,并由此产生了新的技术革命。在这个过程中,原有的城市要素受到严重影响,产生了深刻变化,进而产生了新的空间现象。

Marshall McLuhan(1967)首先提出了地球村概念,他认为,现代传播媒介的分析深刻地改变了人们——特别是当代青年人,使得人们的交往方式以及社会和文化形态发生了重大变化。Castells(1989)首次提出信息化城市概念,指出在信息技术高速发展的时代,信息社会正逐步形成,传统的城市产生了深刻变化，与固定的城市空间相对应的另一种流动的空间形态由此诞生，这就是信息空间。这种流动的信息空间不仅对城市的空间形式产生影响，还对社会文化产生了解构重组的效应，从而使城市变成了一个全新的"二元化城市"。

对于由信息化带来的通讯方式的转变，也有学者从其对传统社会交流方式产生影响的角度进行了研究。Guillain 和 Huriot（1998）认为因电讯技术的发展而产生的电讯交流与传统模式的面对面交流之间是相互补充的，并认为二者之间的互补性是城市在未来的持续存在和长久成长的重要依赖对象。

Panayides 和 Kern（2005）建立了一个模型，并指出如果面对面交流与电讯交流之间的交叉价格弹性为负，那么，城市规模（面对面交流）将伴随着电讯交流的增长而增长。

③信息技术与产业区位研究。

信息时代不仅对城市的形态产生影响，也对城市的经济产生影响，其中一个重要特征就是服务业的快速发展，尤其是生产性服务业，更是得到了空前的发展。因此，学术界对其区位也进行了较多的研究。

Moss（1998）回顾了相关文献，在此基础上，研究电讯技术的发展和普及对城市发展的影响，以及对城市空间格局形成途径所产生的作用。通过他的研究可以发现，技术在对集中化的力量和分散化的力量两个方面都发挥着重要影响。在城市的经济发展过程中，企业和个人都依赖于因电讯技术的发展而产生的电讯交流与传统模式的面对面交流，并且随着电讯技术的发展，这些活动和企业集中的趋势愈发明显，由此可见，新兴电讯技术对城市的发展有着深刻影响。

Sassen（2001）对三种公司的区位模式进行了总结，分别是高度专业化的产品或服务的公司、具有全球经济能力的公司、明显高度专业化的网络化服务的公司，并分别对这三种公司的发展和技术之间的关系进行了深入的探讨和研究。

Andrew Gillespie、Ranald Richardson 和 James Comford（2001）在对产

业集群进行研究时,从市场和公司两个主体出发,着重探讨了市场与公司、公司和公司之间的关系。APetra Jahnke(2002)在研究城市中的经济模式时,探讨了商业服务业与大都市区的空间关系,其中,对信息服务业进行了专门研究,着重对其空间根治性进行了探讨。

2.3.2 国内城市信息化评价文献综述

与世界发达国家相比,我国信息化建设起步较晚,20世纪80年代中期才开始对信息化理论和信息化发展水平测评理论与方法的研究。近年来,国内对信息化水平测评理论与方法的研究已有了一定的进展,并获得了比较成熟的研究成果。

(1) 城市信息化水平评价原则。

关于城市信息化评价指标体系构建原则,国内学者对其研究较多。据统计,主要包含以下六个方面。

第一,科学性原则。科学性是任何指标体系设计中应遵循的最基本原则(付兵荣,2003),在城市信息化评价体系的构架中体现在两个方面:一是指标的选取要符合基本的思维逻辑;二是指标体系应紧密结合社会信息化的现实状况,测度结果能够反映社会信息化的核心运动(丁波涛等,2006)。大部分学者在进行相关研究时均以此为指导原则,如吴玉鸣等(2004),袁俊(2006),李晓青和郑蓉(2007),毕然等(2008),张劲松(2008),李晨光和王春新(2009),刘朝华等(2012),等等。

第二,系统性原则。评价指标体系本身就是一个系统,具有多层次性、多元化的特征(毕然等,2008),城市信息化评价体系要能够从整体上反映城市信息化发展水平的各个侧面(吴玉鸣等,2004)。此原则在大部分学者和研究机构的相关研究中得到运用,包括国家统计信息中心(2001),修文群(2002),付兵荣(2003),方维慰(2003),吴玉鸣等(2004),毕然等(2008),张劲松(2008),李贤毅和程博雅(2008),邹凯和马葛生(2009),李晨光和王春新(2009)等。

第三,可操作性原则。评价指标体系不仅能客观地反映问题,而且能比较方便地取得准确的数据，完成测评任务（丁波涛等，2006）。任何科学、完善的指标体系都必须经过评估实践检验，因此，要充分考虑其可操作性（修文群，2002）。此观点在部分学者和研究机构中的认同度较高，如国家统计信息中心（2001），修文群（2002），方维慰（2003），苏君华和孙建军（2005），袁俊（2006），李晓青和郑蓉（2007），毕然等（2008），张劲松（2008），李贤毅和程博雅（2008），李晨光和王春新（2009），等等。

第四，可比性原则。在构建指标体系以及定义计量方法时，要考虑到不同地区进行比较，以及同一地区的不同时间进行比较的要求（丁波涛等，2006）。可比性决定着测度结果的可信度（付兵荣，2003）。认可此原则的学者包括：吴玉鸣等（2004），苏君华和孙建军（2005），李晓青和郑蓉（2007），毕然等（2008），李贤毅和程博雅（2008），等等。

第五，动态性原则。城市信息化发展水平受信息技术、国家行业政策、城市环境及市民素质等因素影响，这些影响因素会随着时间及环境变化（刘朝华等，2012），因此，其评价指标体系要能综合地反映城市信息化的现状和未来趋势，而且评价指标应根据城市所处的发展阶段不同对指标进行适当的调整（李贤毅和程博雅，2008）。持相同观点的学者包括：修文群（2002），李贤毅和程博雅（2008），张劲松（2008），等等。

第六，其他原则。在城市信息化水平评价指标体系构建的原则上，除了上述较为集中的观点外，不少学者还有其独特的视角。有学者和研究机构提出了导向性原则，认为任何一种指标体系的设置及在实施中都会引起一定的导向作用，城市信息化水平评价指标体系也应如此（国家统计信息中心，2001；方维慰，2003；李晓青和郑蓉，2007；等等）。吴玉鸣等（2004）、李晨光和王春新（2009）等学者提出了典型性原则，他们均认为所选指标的代表性要强，要简洁实用，既不能重复也不能遗漏，要具有典型性。修文群（2002）所进行的相关研究还遵循了空间性原则。方维慰（2003）提出了规范性原则。张劲松（2008）主张相关研究还应遵循主客观评价相结合的原则。

综上所述，国内学者在城市信息化水平评价指标构建原则问题上尽管各抒己见，但是基本观点趋于一致。大多数学者认为，在城市信息化水平评价中，应该遵循系统性、科学性、动态性、可比性和可操作性原则。

（2）城市信息化水平评价方法。

国内学者对城市信息化水平评价方法的研究主要集中于两个方面，即确定指标权重系数和构建评价模型。据统计国内学者在相关评价研究中所用到的方法多种多样主要包括以下六种。

第一，德尔菲法。此方法又称专家评价与打分法，一般采用问卷模式，请研究该问题的有关专家打分，将分数综合平均后作为权重（国家统计信息中心，2004）。此方法是进行评价研究时所运用的主要方法之一，在城市信息化水平评价中运用较广，获得了多数学者和研究机构的肯定，包括陈昆玉（2001），韩毅等（2003），焦微玲和栗湘（2006），等等。

第二，层次分析法（AHP）。付兵荣（2003）认为，层次分析法是系统工程中对非定量事物作定量分析的一种简便方法，并运用于与其相关研究中。修文群（2002）在区域信息化水平评价研究中运用了改进的层次分析法（IAHP）确定各指标权重。方维慰（2003）也运用层次分析法确定其评价指标因素的权重。此方法在学者的相关研究中运用较为广泛，如李恩科和徐国华（1998），乔晓华（2004），李因果和李新春（2007），张劲松（2008），等等。

第三，加权求和法。加权求和法在评价研究中运用范围较广，是国内城市信息化评价研究中运用较多的方法之一。国家统计信息中心（2001）在对中国各地区信息化水平测算与比较研究中运用了简单线性加权法。韩毅等（2003）运用加权法测定了重庆市信息化指数。在相关研究中运用此方法的学者还包括：周荣莲等（1999），付兵荣（2003），等等。

第四，算数平均法。算术平均法是评价研究中运用较多的方法之一，在国内城市信息化评价研究中得到了较多运用。邓兆参等（1994）运用两步算术平均法对广州市信息化指数进行了测算和分析。焦微玲和栗湘（2006）在对上海市信息化水平现状进行分析研究时也运用了算术平均法。

运用此方法进行相关研究的学者还包括马忠庚（1999），陈昆玉（2001），等等。

第五，因子分析法。因子分析法是评价研究中常用的方法，包括主成分分析法等多种方法。苏君华和孙建军（2005）运用因子分析法对全国及各省市信息化水平进行了测度。耿兴荣和林炳耀（2002）在对中国信息化水平进行测评时，使用了主成分分析法。运用因子分析法进行相关研究的还包括吴玉鸣等（2004）。

第六，其他方法。在对城市信息化水平进行测量的相关研究中，所运用到的方法多种多样，除上述方法外，不少学者还有独特的视角。吴玉鸣等（2004）的研究采用了因子分析法和聚类分析法相结合的方法。李晓青和郑蓉（2007）、李因果和李新春（2007）在构建城市信息化评价模型中应用了熵权系数法。刘乐（2007）的研究中运用综合评分法设置指标权重。毕然等（2008）在对天津市信息化水平评价指标体系研究中应用网络分析法（ANP）构建数学模型。董明辉等（2009）运用改进的 RITE 模型对东北老工业基地信息化水平进行测量时，运用了 Pearson 相关分析方法。邹凯和马葛生（2009）在城市信息化水平评价研究中运用了多层次灰色分析法，并用熵值法计算指标的权重。李晨光和王春新（2009）提出了一种基于群决策方法的评价模型用于信息化评价研究。陈澜祯和林如丹（2010）提出了运用模糊数学的方法对城市信息化进行测评。

从上述分析来看，在现有城市信息化水平评价研究中，学者普遍运用多指标进行综合评价，所涉及的方法较为集中，同时，也有部分学者选用独特方法进行信息化评价研究。

（3）城市信息化水平评价指标。

我国关于城市信息化水平评价研究起步虽然较晚，但成果仍较为丰富。目前国内现有研究中，根据设计指标角度和依据不同，城市信息化水平评价指标体系可以分为四类。

第一，特征类指标体系。这类指标体系主要是从城市信息化的特征设计指标体系，侧重对城市信息化的外在表现进行测评，大多数学者从信息资源、信息基础设施、信息技术、信息产业、信息人才、信息化发展政策等方面设计指标。国家统计信息中心（2001）从信息资源开发利用、信息网络建设、信息技术应用、信息产业发展、信息化人才和信息化发展政策六个方面建立了中国信息化水平综合评价指标体系，共包含25项具体测量指标。方维慰（2003）建立的城市信息化评价指标体系将指标分为两级五类，共16项指标，一是信息化基础设施指标，包含光缆密度、计算机普及率等四项指标；二是信息产业指标，包括信息产业从业人员等三项指标；三是信息技术的应用指标，包括电子商务水平等三项指标；四是信息资源指标，包括数字型信息资源量等三项指标；五是信息人才指标，包括信息人才培养等三项指标。吴玉鸣等（2004）从信息化产业发展水平、信息产品生产能力、信息基础设施供给水平、信息资源与信息传播能力、信息技术人才及人口素质、信息投资水平、政府对信息发展的支持七个方面建立了一套区域信息化发展水平评估指标体系，共包含37项具体指标，并对我国31个省级区域进行了信息化测评。孙建军和苏君华（2005）在对江苏省信息化水平测度时，从信息资源、信息技术应用、信息网络、信息产业、信息人才和信息化建设投资六个方面建立了一套两级评价体系。焦微玲和粟湘（2006）参考国家信息产业部颁布的国家信息化评价指标体系，略去信息化发展政策等内容，增加信息化建设投资等内容，建立了一套两级五类评价指标体系，并对上海市信息化水平进行了测量。李因果和李新春（2007）在对煤炭型城市信息化评价研究时，从信息产业发展、信息化基础设施、信息技术应用、信息发展环境、信息人才和信息资源六个方面建立了一套两级评价体系。毕然等（2008）依据国家确立的信息化体系框架，从信息资源、信息网络、信息技术应用、信息产业和信息化人才五个方面建立了一套包含20项指标在内的两级指标体系，并对天津市信息化程度进行了测评。李晨光和王春新（2009）构建的城市信息化评价指标体系分为信息产品生产能力、信息资源与信息传播能力、信息人才、政策法规和政府的支持水平五个方面，共包含20项具体指标。

第二，能力类指标体系。此类指标体系是从城市信息化发展能力和潜力的角度进行设计构建，在对城市信息化现状进行测量的同时，注重对信息化发展趋势的评价。杜燕（1997）从信息化现有水平和信息化发展潜力角度出发，建立的信息化评价指标体系为四层，包含18项具体指标，分为信息量、信息装备水平、信息利用率、人力资源和物力资源五个方面。周荣莲等（1999）在对陕西省信息化水平进行测算时，从信息化现状指数和信息化发展指数两个方面构建了一套包含四层27项指标的评价指标体系。修文群（2002）建立的区域信息化发展评价体系共分三级，从信息化发展指数、信息化质量指数和信息化能力指数三个方面选择了45个具体指标，对我国31个省级地区的信息化发展进行了综合评价。付兵荣（2003）从城市信息化发展指数、城市信息化质量指数和城市信息化潜力指数三个方面构建了一套四级评价指标体系，共包含60项具体评价指标，分为信息资源、信息产业、信息设施、信息人才、经济发展等16类。刘跃（2007）从利用先进信息技术的能力、接受信息的数量和质量两个方面构建了一套两级评价指标体系，并将我国分为东、中、西三个地区进行了信息化水平测量。

第三，对信息化指数模型（RITE模型）改进类指标体系。这类指标体系主要是在日本信息化指数模型及其理论基础上，结合我国统计工作特点，对其加以改进得来。贾怀京和许飞月（1997）构建的信息化评价指标体系以日本信息化指数模型为基础，在信息量、信息装备率和信息系数方面做出了修改，得到一套三级四类评价指标体系，并对1985—1994年我国信息化水平进行了测度。陈昆玉（2001）对日本信息化指数模型进行了改进，建立的新区域信息化评价指标体系分为三个层次、五个方面，共16个指标。夏磊（2001）对RITE模型进行了改进，得到的区域信息化评价指标体系包含四个方面，共13个具体指标，并对上海市信息化水平进行了测评。耿兴荣和林炳耀（2002）参照RITE模型和国家信息化指标体系，从信息主体、信息资源和信息技术三个方面构建了一套信息化评价指标体系，并对中国各省信息化水平进行了测量。乔晓华（2004）在RITE模型基础上，加入移动电话用户数，将原有"第三产业就业人口比重"改为

"信息产业从业人员比重",并将信息消费方面细化为城镇居民和农村居民人均信息消费比例两个方面分别计算,从而得到一套三级五类评价指标体系。

综上所述,在城市信息化评价指标体系的研究中,国内学者所选角度多集中在信息化的特征、信息化的能力和 RITE 模型改进等方面,较少从其他角度进行城市信息化水平指标体系研究。

3 智慧城市的价值

随着工业化水平的飞速发展，全球多数国家和地区的人口出生率大幅上升；同时，随着医疗技术水平的进步，死亡率有所下降，因此，世界人口呈现爆炸式增长。据联合国预测，全球人口有望在21世纪末突破百亿。与此同时，全球城市化发展更为迅猛。20世纪初，世界的城市化率仅为13%；20世纪中叶，升至30%；未来城市依旧会保持较高的发展速度，到2050年，全球城市人口将达64亿，世界的城市化率将超过70%。城市的快速扩张带来了巨大的经济效益，推动着社会进步，但也造成交通拥挤、自然环境破坏、能源紧缺等一系列"城市病"，成为制约城市发展的重要因素（宋雪纯，2015）。

2008年金融危机爆发，当年11月，IBM公司在纽约召开的外国关系理事会上提出了"智慧地球"理念；2009年，IBM公司与迪比克市合作建立美国第一个智慧城市；2010年，IBM公司正式提出"智慧城市"愿景，试图充分利用新一代信息技术更好地理解和运营城市，优化城市资源配置。与传统的信息化城市相比，智慧城市的功能特征不仅仅局限于高速泛在的信息基础设施、智能精致的城市管理、透明高效的政府治理，而且还包括弹性软化的产业形态、包容的社会结构、舒适便捷的生活环境、高能个性的社会成员等，这对于解决当前城市发展面临的迫切问题，提升城市管理效能，提高公共服务水平，促进城市经济发展，实现城市价值等具有重要意义（张毅、陈友福和杨凯瑞，2012）。

彭继东（2012）将智慧城市的作用分为基础业务、行政业务、智慧服务和智慧城市运行管理；将智慧城市的价值分为经济价值，社会价值和服务价值三类；即经济价值体现在智慧城市将成为城市经济增长的倍增器、社会价值体现在智慧城市将是解决城市病的有效手段、服务价值体现在智慧型的服务政府。韩天璞（2013）探究了智慧城市建设及运营模式，提出智慧城市的三种价值，即社会价值、经济价值和民生价值。社会价值是在智慧城市建设与运营的过程中，城市结构形态得以重塑，有利于社会系统与自然生态系统的协同发展；经济价值能够促进城市经济转型和升级；民生价值是在智慧城市建设与运营过程中关注"以人为本"。潘啸和马成文（2013）以城市建设现状为基础，从四个方面提出了建设智慧城市的意义：第一，有助于转变城市经济快速持续的增长方式突破城市发展的极限；第二，有助于推动产业升级和结构调整，满足城市经济发展的可持续性要求；第三，有助于优化居民生活方式，提升居民生活质量；第四，有助于快速高效地处理应急性事件和突发性事件。严清清（2015）认为智慧城市建设的功能可以分为以下几个方面：推动模式转变，促进城镇发展；优化产业结构，培育新兴产业；提高服务能力，改善治理模式；解决民生问题，提高生活品质等。张琳（2015）以马克思人学为视角，提出了发展智慧城市的意义，即在经济层面，保证城市建设健康合理可持续；在管理方面，保证城市管理的科技化，用智能信息化手段让城市生活更协调平衡；在生活层面，使人与人之间、人与自然之间和谐安全更舒适。

综合以上学者的观点，基于城市价值链理论，智慧城市的价值可以分为形态价值与功能价值两大类。其中，形态价值是城市形态高级化，即城市能否不断地由低级向高级形态进行演化，主要包括优化城市空间结构、可持续发展理念与低碳技术将推动"低碳、生态、绿色"城市发展两个方面；功能价值是城市功能价值最大化，即城市能否提高经济发展水平、优化社会环境以及改善市民生活品质，可以分为经济价值、服务价值、民生价值三方面（张毅、陈友福和杨凯瑞，2012；彭继东，2012；韩天璞，2013）。

3.1 智慧城市的形态价值

智慧城市是新一代信息技术在城市中的深入应用，新一代信息技术的感知化、互联化和智能化将重塑城市结构形态，促进社会系统与自然生态系统的协同发展。智慧城市塑造的全新的城市形态表现在优化城市空间结构，以及推动"低碳、生态、绿色"城市发展两个方面（张毅、陈友福和杨凯瑞，2012）。

3.1.1 优化城市空间结构

随着城市化进程的加速和城市经济发展水平的不断提高，城市发展陷入"集聚"与"扩散"的两难选择。城市在发展过程中，一方面需要利用各种资源聚集的优势来实现经济增长，与此同时，过度集聚引起了环境破坏和交通拥堵等难题；另一方面，扩大城市范围虽然可以有效缓解城市资源有限问题，但是带来了更昂贵的交通成本、公共财政支出、居民生活不便等问题。智慧城市的出现可以优化城市空间结构，有效地缓解经济发展过程中带来的诸多问题。

首先，智慧城市利用物联网、大数据、云计算等新一代信息技术建设智能交通网络，打破了一直占主导地位的物理空间结构，物理空间与智能技术实现的虚拟空间相互渗透与影响。可以提升城市和区域流动空间，加强区域内部的人流、物流、技术流、资本流、信息流等要素流动，缩短了城市之间相互作用和联系的时空距离，实现城市之间要素的高效流动和服务质量提升。

例如，在长三角、珠三角、京津冀等经济发达地区，重点通过智慧技术来强化城市之间的生产网络、创新网络关联，建立成为一个超大型的智慧城市活跃地带。功能区和空间的要素的不同之处在城市内部不停地交流涌动，成为城市内部空间重构和转型发展的重要动力。依托智慧城市的技术手段，提升城市不同功能空间的要素交流涌动，从而提升城市的各个方面的发展质量和可持续发展程度。利用各种移动终端和传感器，来获取和处理城市居民活动、企业运行、环境质量等方面大数据，并与城市规划、建设和管理充分结合来营造更加人本、绿色、集约的城市功能空间，增强城市规划解决城市实际问题和服务居民、企业和政府的能力。而且在建设中必须坚守集约高效、绿色低碳的发展理念，将智慧技术与居住区、商业区、产业园区、休闲游憩等空间融合，增强城市空间发展内涵。将智慧、人文等要素渗透到城市有机更新中，实现存量空间的转型。推进智能公共交通，推广使用绿色能源和可再生能源，建设便捷、高效、低碳的城市智慧交通网络。同时，加强区域和城乡空间规划、建设情况进行实时动态监督、评价、调控和管理，利用信息技术，进而引导空间布局优化有序发展（周蕊，2015）。

其次，智慧城市建设将重新调整城市"核心—边缘"的功能定位，城市中心区将主要扮演信息枢纽的角色，其他的城市功能可以更为合理地分配到城市边缘区，城市的精细化管理将提高公共资源的使用效率，从而有效降低城市中心区的拥挤成本和环境治理成本（张毅、陈友福和杨凯瑞，2012）。

通过合理的智慧城市规划，有效地分解超大城市的压力，形成以一点为中心的城市群落。以新一代信息通信技术在城市经济社会发展各领域的充分运用为主线，以最大限度地开发、整合和利用各类城市信息资源为核心；以居民、企业和社会提供及时、互动、高效的服务为手段；以提高城市运行管理和综合服务水平、改善居民生活质量、提升政府行政效能、增强城市综合竞争力和品牌影响力为目标；通过智能的解决方案，实现智慧的感知、建模、分析、集成和处理。以更加精细和动态的方式提升城市管理、城市运行和城市生活水平，对城市活动空间组织结构和对应的实体空间结构产生影响，并使得城市发展由单核聚集向多核离散的转变，从而使城市达到前所未有的高度"智慧"状态（张琳，2015）。

智慧城市的全面运营使得智慧商务、智慧政务等成为可能，重新调整了城市的功能定位，市中心只承担信息枢纽的角色，其他城市功能和资源则可以更为合理地进行分配，从而解决目前大城市规模不合理的问题（韩天璞，2013）。

3.1.2 推动"低碳、生态、绿色"城市发展

十八大报告提出："要着力推进绿色发展、循环发展、低碳发展'三

大发展',强调把生态文明建设放在突出地位,融入经济建设资源消耗低、环境污染少、产品附加值高、生产方式集约。"因此,寻求一种"低碳、绿色、生态"的城市发展新模式成为当务之急。中国城市化的粗放型增长模式对城市的资源供给能力和环境承载能力带来巨大的挑战,智慧城市建设恰恰是当前中国实现"低碳、绿色、生态"城市发展的有效选择(张毅、陈友福和杨凯瑞,2012;严清清,2015)。

首先,智慧城市具有智慧的经济结构和产业体系,以及高效增长的城市经济体系(谷春宇,2013),且智慧城市的经济是绿色经济。其绿色经济的含义是:通过创新生态科技使人的经济活动遵循生态系统内在规律,在促进人的全面发展基础上,促进生态系统的协调、稳定、持续、和谐发展。科学技术是生态与经济之间的中介,只有充分发挥人的主观能动性,开发研制生态环保的技术体系,才能保证生产环节的绿色环保(张琳,2015)。

其次,智慧城市是发展低碳经济的先行者(刘凤莲,2012)。尽管信息技术行业本身的碳足迹不断增长,但是通过智慧解决方案将信息技术应用到其他行业中,使用技术以非实物化的方式改变城市生活、工作、学习、旅游的运作方式,可以实现减排的目标。据预测,到2020年,信息技术应用到其他行业实现的减排量相当于信息技术行业本身的5倍(张毅、陈友福和杨凯瑞,2012)。

再次,智慧城市是循环经济的实行者。随着社会经济的不断发展,人们的需求从基本的物质需求转化为文化上、心理上、精神上的需要,带动了娱乐服务业、旅游服务业、信息网络服务业的发展,是对"大量生产、大量消费、大量废弃"的传统增长模式的根本变革。智慧城市在发展过程中既充分考虑城市生活系统的承载能力,又尽可能节约城市资源,不断提高现有资源利用率,循环使用资源(王冰,2013),创造良性的社会财富。

最后,智慧城市的核心理念之一就是可持续发展,它能够运用信息技术对环保、民生、城市安全等提供保障,IBM所提供的智慧城市解决方案就是利用新一代信息技术,对民生、环保、公共安全等城市需求做出的智慧响应，形成具备可持续内生动力的安全、高效、绿色的城市形态。同时，智慧城市的支柱产业——信息技术行业以智力资源和信息资源作为投入要素，属于高科技产业，本身就具有低能耗、低污染的特征，可以实现经济的集约型发展（韩天璞，2013）。

由于现阶段的城市发展是以牺牲环境为代价的，不顾后果大肆掠夺资源，最终造成生态系统调节失衡。虽然近几年政府加强了在环境保护方面的投入，对违规破坏环境的企业和个人加大惩罚力度，但效果仍然差强人意。而智慧城市的理念是经济发展和生态保护和谐共处，且智慧城市的建设又将反过来促进环境的改善，实现城市发展的良性循环。因此，通过智慧城市的规划，在资源限制的基础上，充分利用信息技术，发展信息技术产业，提高资源使用效率，缓解"城市病"问题，增强城市竞争力，创建智慧化公共服务体系，提高城市居民生活质量等，实现城市低碳、生态、绿色与可持续发展。

3.2 智慧城市的功能价值

智慧城市的功能价值主要体现在：推动城市发展模式的转变，保证城市建设健康合理可持续；优化产业结构，培育新兴产业；提高服务能力，改善治理模式，保证城市管理的科技化；解决民生问题，提高生活品质；用智能信息化手段让城市生活更协调平衡，使人与人之间、人与自然之间和谐安全更舒适（潘啸，2013；严清清，2015；张琳，2015；等等）。综合以上学者们的观点，可以把智慧城市的功能价值进一步分为经济价值、服务价值、民生价值三方面。

3.2.1 经济价值

经济价值体现在智慧城市将成为城市经济增长的倍增器。郝斌等（2013）以上海市为例，深入探讨了智慧城市的产业经济带动效应的直接效应、关联效应和衍生效应。经济是一个城市实现良好发展的基础。智慧城市的建设与运营、新一代信息技术的应用除了能够重塑城市结构形态之外，还能够促进城市经济转型和升级（韩天璞，2013）。

（1）智慧技术应用于改造传统产业，以促进传统工业升级。

通过应用智慧技术改进传统产业的管理方法、资源利用方式、更新工艺设备等，能够对传统产业进行业务和流程再造，最终实现企业物流、资金流和信息流的高效运转和有机统一，从整体上提高企业的协同运作能力（韩天璞，2013）。

目前，劳动密集型和资源密集型产业仍是我国大部分城市的支柱产业，但是核心技术和品牌优势明显不足。随着劳动力成本的持续增长，资本将会向劳动力更廉价的国家转移，在日趋激烈的竞争环境下，我国的优势也将逐步丧失。其实，我国的很多城市都拥有着丰富的物质资源和人力资本，但是各公司和高等院校各自为政，形成不了城市间协同创新机制的平台，所以，城市的整体创新能力比较弱（潘啸，2013）。同时，智慧城市给传统产业带来一系列新变化，包括改变产品需求、拓展交易空间、丰富商业模式、降低交易成本、提高生产效率等，并对装备制造、交通物流、农业、生活服务等传统产业领域产生了重要影响（高璇，2016）。

在工业化和信息化"两化融合"理念的推动下，中国传统产业的信息化水平在过去十余年间得到明显提高。然而，与传统产业的信息化专注于单个子系统的设计与实现不同，智慧城市倡导对企业的产品设计、生产、管理、营销、服务等各个环节全面实施智能化改造，企业生产系统、通信系统、安防系统、火灾报警系统及其他系统之间将实现无缝隙互联互通，泛在感知企业微观信息，并利用云计算平台对企业即时数据进行处理和分析，实现企业信息流、物流、资金流、业务流的有机统一和集成，整体提高企业协同运作能力（张毅、陈友福和杨凯瑞，2012），进一步建立虚拟和实体的协同创新机制，整合不同行业之间的协同机制，以此来增强城市的创新能力，进而加速产业升级和结构调整（潘啸，2013）。

例如在服装产业中，以往的生产模式都是以企业为中心，企业对客户进行调研以及行业风向的把握上进行生产活动，诱导顾客进行购买。这样的生产模式在工业化初期取得了巨大成就，但是在追求个性化的今天面临严峻的挑战，国内服装企业也频频爆出存货危机。以往因为顾客需求信息较难获取，并且设计公司及品牌公司也仅有固定的几家代工厂，大量的企业生产资源被闲置。而在以阿里巴巴为主导的智能工厂平台中，以其旗下的淘宝网平台为依托，通过对客户浏览量、点击量、收藏量、浏览时间等大数据进行统计，可以以较低的成本获取最真实的客户需求信息。设计公司根据这些信息以及预售等方式，进行小批量的定制化生产，在保障成本的同时，也可以获得客观的利润。而在生产环节，随着定制化生产的兴起，阿里巴巴又构建起了类似于淘宝网的，服务于设计企业与生产企业的平台，通过将生产厂家的生产效率、生产范围、生产评价、生产档期等信息在平台上发布，设计企业可以根据这些信息与生产厂家进行合作，降低了双方的合作成本，也大大地解放了生产厂家的闲置生产力（石洁星，2015）。

因此，智慧城市建设中的智慧技术应用于城市的传统工业和服务业发展过程中，可以推动传统企业的技术、组织和生产或服务模式的创新，有利于实现我国城市产业发展由劳动密集型向技术密集型转变，甚至可以衍生智慧制造业、智慧商务等产业形态，有利于最大限度地提升生产力。（严清清，2015）

(2) 智慧技术的集聚化将培育战略性新兴产业。

智慧技术的集中应用还能培育新兴产业，包括新一代移动通信、智能终端、物联网和云计算等技术的开发应用和产业化，新型产业的繁荣发展能够培育新的经济增长点，促进城市经济日益昌盛（韩天璞，2013）。

2008年的国际金融危机冲击了中国的实体经济，传统产业的比较优势逐渐削弱，培育技术含量高、资源消耗少的战略性新兴产业成为破解中国经济发展难题的迫切要求（李姝，2012），且智慧城市发展可以带动大量的新技术开发与应用。国务院在2010年10月颁布了《关于加快培育和发展战略性新兴产业的决定》，将节能环保产业、新一代信息技术产业等七项产业列入重点扶持对象，其中新一代信息技术产业主要包括新一代移动通信、下一代互联网核心设备、智能终端、物联网、云计算等技术的研发、示范应用和产业化。智慧城市作为新一代信息技术的整体集成与具体应用，将推动现有信息产业继续繁荣与发展，催生新的产业，培育新的经济增长点。

物联网、云计算作为推动智慧城市概念形成的关键性技术，具有十分广阔的市场运用前景。新华社在2016年11月1日发布的《2015—2016年中国物联网发展年度报告》中指出，中国成为全球物联网发展最为活跃的地区之一，2015年，我国物联网产业规模达7500亿元，"十二五"期间年复合增长率约为25%。公众网络机器到机器（M2M）连接数突破1亿，占全球总量31%，成为全球最大市场。2016年4月，前瞻产业研究院提供的《2016—2021年中国云计算产业发展前景预测与投资战略规划分析报告》指出，2012—2015年，我国云计算市场从482亿元上升至1315.8亿元，保持了高速增长态势，年均复合增长率高达61.5%。

智慧产业不仅具有广阔的市场前景，而且还具有明显的集聚化发展优势。例如，工信部于2016年7月发布的《促进中小企业发展规划（2016—2020年）》，提出促进产业集群发展的要求。即按照"布局合理、产业协同、资源节约、生态环保"的原则，加强规划引导，改善发展环境，推动智慧集群建设，形成一批产业集聚度高、创新能力强、信息化基础好、引导带动作用大的重点产业集群。智慧技术的广泛应用促进了信息化建设途径的深刻变革，集成、融合、共享、互联等理念逐渐深入人心，并由此产生新的产业体系，对新兴产业的发展与经济增长的助推作用变得越来越强劲（郭九龙，2015）。

因此，智慧城市建设过程中以云计算技术和3S（GIS，GPS，RS）为核心，以物联网和移动互联网的创新与应用为基础，不仅可以不断地创新信息技术，壮大高新技术产业规模，带动软件与信息服务业及创意产业等新兴产业的发展，还可以集聚高新技术产业，在提高技术产业在城市发展经济中的比重同时，有利于培育战略性新兴产业，创造新的经济增长点（严清清，2015）。

(3) 智慧产业的带动效益推动产业高端化发展。

关于智慧产业的概念，郎咸平（2012）认为智慧产业属于第四产业，"智慧"本身就是产品、商品，其不同于高端服务业。张勇民（2011）认为智慧产业是一种新型产业体系（如 Facebook 等），具有感知、学习、成长、决策等能力，它不同于知识产业和信息产业，其能够形成虚拟空间并放大城市的无形规模，同时还可以统筹开发和利用虚拟空间。芦效峰和程大章（2013）认为狭义的智慧产业包括电子信息产品制造业和信息服务业。广义的智慧产业除狭义的含义外，还涵盖智慧装备和产品研发制造业（由装备和产品制造业转型升级形成）、智慧服务业（由服务业转型升级形成）、智慧农业（由农业转型升级形成）等。

中国产业转型的重要举措之一是推动产业链向高端化发展，智慧产业的发展将带动城市产业向高新技术产业、现代服务业等高端产业发展，并且向这些产业的研发、服务等价值链高端环节集聚（张毅、陈友福和杨凯瑞，2012）。

首先，从创新链角度看，智慧产业的发展过程中在创新方式上利用信息网络平台，大力推动开放式创新，将企业的研发、制造、营销、营运等区段的大量技术性或管理性难题通过网络平台委托给众多知识型个体或开源型生产者，让全世界不同地域的人们与企业员工共同提供解决方案，实现创新资源全球配置，集全球众智解企业发展之难，构建开放型创新链条。在创新效率上，充分借助大数据、云计算等信息技术，准确把握市场创新需求，将市场创新与消费者需求连接起来，构建高效创新链条（高璇，2016）。

其次，从技术链角度看，新一代信息产品制造业本身是一种典型的高新技术产业，具有高知识密集度、高附加值、有效节约能源与资源等特点，智慧产业通过信息技术与其他高新技术甚至与传统技术融合，进一步激励高新技术的创新与研发，整体提升技术的复杂性、精细性，加快高新技术的产业化进程。

最后，从价值链角度看，智慧产业发展主要集中在具有高附加值、能够吸纳大量就业人口并且具有巨大产业创新空间的现代服务业。在智慧城市建设过程中，信息传输服务业、信息技术服务业、信息资源产业（数据海）等基础信息服务业将实现快速而充分的发展，在此基础上，金融保险、电子商务、旅游等一大批现代服务业将加速发展，以信息服务业为核心的服务经济在经济结构中逐步占据主导地位（张毅、陈友福和杨凯瑞，2012）。

新一代的信息产品制造业本身就是一种典型的高新技术产业，在其他高新技术以及传统技术融合的过程中，能够激励高新技术的创新与研发，加快高新技术的产业化进程，推动高端产业的发展（韩天璞，2013）。

（4）转变城市经济快速持续的增长方式突破城市发展的极限。

目前，粗放式的城市化建设，建造了城市的"四肢"，例如空间、土地、能源和水等资源受限于城市发展，城市人口的迅猛激增、城市环境的日益恶化等问题也使城市面临着巨大的压力，这些问题用传统的技术和管理方法早就难以有效地解决，所以部分发达国家已经在摸索、学习如何使用新一代的信息和情报技术来重新诠释城市的性质，明确城市的发展目标，探寻城市的潜力（潘啸，2013），而智慧城市相当于建造城市的"神经系统和大脑"，对城市经济将起到较大促进作用。

第一，智慧城市建设成为新的经济发展途径。传感网、物联网、互联网更新、超级电子计算机以及数据处理、计算技术的研发、制造和应用，这些高科技资本密集产业会成为新的经济增长点和产业升级的引擎，对于相关产业带动极强。

第二，提升城市经济发展的质量。智慧城市使得城市系统升级换代，基于城市系统的财富创造活动也升级换代，促进整个城市经济向知识经济和创新经济转型，提升经济发展质量，达到高效、低耗、可持续发展的目标。

第三，激活民间投资、促进就业。首先，民间投资将得到大量政府采购订单、服务外包等业务机会，促进民间投资产业结构不断升级；其次，公共服务水平的提升、智慧基础设施和智慧服务的普及，都为民间投资提供了良好的经营环境；最后，城市治理模式的变革改进了政府和民营资本之间的关系，民营资本的创业和发展环境不断优化。在当前流动性过剩和就业形势紧张的背景下，激活民间投资和开启就业新领域，具有重要意义（史璐，2010）。

在城市发展初期，多数遵循粗放式的经济发展方式，以资源为导向。而智慧城市发展必然加速人力资源的积聚与优化，以技术为导向、以人才为导向、以知识为导向，为经济发展注入新的动力，形成集约、高效的经济发展方式，突破城市发展的极限（张陶钧，2015）。

3.2.2 服务价值

公共服务供给是智慧城市建设的重要内容。智慧城市的最终目标就是为城市居民提供优质的公共产品和服务，提高城市管理效能，智慧城市建设将有效提升城市政府的公共服务质量和社会治理水平（张毅、陈友福和杨凯瑞，2012）。

（1）智慧的服务内容、服务方式和服务主体将提高公共服务质量。

现代科技的发展，改变了人们的生活习惯，也改变了人们的思维方式。公众需求发生变化，是政府公共服务供给在内容、方式、主体方面发生改变的关键动力及原因所在，而智慧政府为这种改变提供了可能（李国祥，2016）。

第一，在公共服务内容上，逐渐从政府自身提供的公共服务这一狭义的公共服务内容转向政府的一切行为都是在履行社会公共服务职能，尤其是制定公共政策时的社会公共服务职能这一广义的公共服务内容。

智慧决策的开展，可以使政府做出合理科学的公共决策。在过往的决策中，很多都是基于经验，在一把手负责的制度运行模式下，公共政策的制定与推行往往受到个人经历、喜好、能力特长、性格取向等的影响，由此出现"决策时拍脑子，做事时拍手掌，出事后拍屁股"的官场怪象。而基于大数据、移动互联、物联网等在众多的信息基础上做出的智慧决策，能够最大程度地整合民意，力争在决策过程中做到有理有据，保障公共决策的正当性与合理性，从而实现公共政策的持续性。

第二，在公共服务的供给方式上，逐步从"窗口式公共服务"的施舍性的服务供给模式发展为"云端公共服务"，即服务理念的扩张使办事人员从窗口走到了大厅。甚至在大多数情况下，公众享受公共服务并不需要与政府人员直接接触。

通过大数据、云计算、物联网、人工智能实现公共服务供给的智能化、预测化，从而由标准化供给向智能化供给转变，使政府在公共服务供给方面由被动服务角色变为积极主动的服务者。逐渐摆脱时间、空间的限制，将公共服务供给打造成一项无缝隙连接服务。与此同时，公共服务理念也发展转变。权力的去中心化会使政府在提供公共服务逐渐失去权力的绝对权威，转化为一项日常的服务供给工作。云端化使公共服务的供给不再需要更多的条件限制，公众与政府相关人员不再处于不对等关系甚至不需要进行面对面，这实质使政府的权力寻租空间被技术工具不断压缩甚至摧毁，政府公共服务行为成为幕后工作。整体性公共服务供给使政府成为一个整体呈现在公众面前，政府摆脱条块分割的弊端而为公众提供整体性的服务。

第三，在公共服务的供给主体方面，智慧政府背景下的公共服务供给主体，将不再是单纯的政府行为，而是合作共治的多元主体行为，多方合作将成为公共服务供给的主要模式。

政府、市场组织、非政府组织、公民个人共同成为公共服务供给实施主体，任何一个单一组织都无力承担所有的智慧政府公共服务供给工作，政府的去中心化也是由此而来。多方主体的合作行为，最关键的是捋顺各方之间的分工和关系，各司其职。在公共服务的提供方面，政府能做到最好的归政府，市场能做到最好的归市场，以公共服务能否得到最好实现为主要评价标准（李国祥，2016）。

（2）信息基础设施的泛在布局与普遍供给将促进公共服务均等化。

新公共服务理论认为，政府要承担的角色主要是服务，而不是掌舵，公共利益是目标而非副产品。维护和增进公共利益是政府存在和发展的出发点和落脚点，政府在提供公共信息服务时要关注公共利益，而非部分人的利益，确保提供服务的公平性（杨正华，2015）。

均等化是基本公共服务体系的价值导向，受公共财政投入不足、基本公共服务供给模式单一等因素的综合影响，当前中国不同收入水平的城市居民所享有的基本公共服务处于非均等状态。尽管智慧城市在短时期内难以完全消除这种基本公共服务非均衡状态，但可以有效地提高城市低收入群体的基本公共服务水平。一方面，信息服务将成为一项基本的公共服务，智慧城市建设将大幅度提高信息基础设施的覆盖率和普及率，越来越多的城市居民将以更加低成本的方式接入网络空间，享有信息服务。另一方面，基本民生、公共事业、医疗卫生、公共安全等方面的公共服务，将借助信息服务平台提供给更多的城市居民（张毅、陈友福和杨凯瑞，2012）。

例如，在智慧政府服务应用领域，湖北政府强化"隐患就是事故"的观念，推进建设隐患排查治理"两化"体系企业全覆盖、网格化管理区域全覆盖，促进安全生产。打造"七纵五横三环"高速公路网络，"四纵三横"的铁路运输体系，"一干四支"的航空体系，旨在把湖北建成全国公路、铁路、航运、空运中心，这实际是从扩充交通容纳程度来促进智慧交通建设，但并没有能够对既有的交通资源在技术上进行改革。成立湖北省智慧医疗健康产业基地，打造千亿健康产业，大力发展智慧医疗及健康产业，形成健康管理与大数据平台、医疗服务及康复平台、医药类产品电子交易平台等三大平台（李国祥，2016）。

因此，新一代互联网、大数据、云计算等信息技术的应用将会推动政府信息资源的公开与共享，这样不仅可以拓宽公众与政府之间的沟通渠道，同时也可促进网上事务处理、部门协同办理、网上统一查询等服务的实现。通过在线交互的方式可让公众直接参与各项政策的制定与执行、监督与评估，使民众真正的参政议政成为可能，这样必然有助于拓展各类个性化、专业化与多样化的政府服务，进一步提升政府服务社会的能力和水平，加强公共服务均等化（刘忠祥，2016）。

（3）城市事件和部件的精细化管理将有效应对具体城市问题。

在快速城市化进程中，中国城市规模急剧扩张，城市结构日趋复杂，城市问题不断涌现，城市治理难度加大，城市管理的不足极大地影响了市民的正常生活，浪费了城市的公共资源。针对城市化进程中不断出现的复杂问题，智慧城市依托物联网、云计算、网格化管理、系统集成等技术创新以及相匹配的制度创新，实现对城市各要素和部件的数字化、网络化、可视化、智能化、精细化管理（张毅、陈友福和杨凯瑞，2012）。

随着城市信息化的发展，城市的摄像头、传感设备会实时产生海量数据，而城市公共部门的业务数据也是海量激增的，如不动产登记信息、企业登记注册信息、医院体检就医信息、老年人健康信息、车主违章信息、超市的购物和结账信息、旅行团数据、健身中心会员信息，等等。城市管理的每一个细节都会产生庞大的数据，城市海量数据就像血液一样遍布城市各个领域，而这些数据又分散在政府相关部门的垂直业务系统中。由于系统条块分割，分散建设，缺乏高度整合的集成体系，呈现出一个个信息孤岛，导致数据信息不能共享，降低了政府和城市效能。数据是智慧城市发展的基础，"互联网+城市"必将是数据驱动的城市。基于数据分析的结果才更有利于政府制定政策和进行治理。目前，很多政府部门已经意识到单一的数据无法发挥最大效能，开始主动寻求解决方案，部门之间相互交换数据已经成为一种发展趋势。

通过构建城市"云数据中心和公共信息平台"，能够统筹推进城市规划、国土利用、城市管网、园林绿化、环境保护等市政基础设施管理的数字化和精准化，为城市规划提供强大的决策支持，增强城市规划的科学性和前瞻性。建立城市"跨部门智能协作运营平台"，以城市海量的信息资源为基础，通过全面的物联和高效共享，运用先进的智能化技术实现识别、预测和实时分析处理，促进分布在城市不同角落的海量数据实时顺畅流转、交换和共享，为参与城市治理的各级政府部门开展跨地区、跨部门、跨层级的信息共享和业务协同提供支撑服务。从而改进城市运行体制机制，打破信息孤岛，提升决策水平，降低人为管理因素，推动城市治理良性循环，提升城市资源利用效率，增强城市行动能力（梁丽，2016）。

（4）基于智慧平台的多类型治理机制将提升城市管理效能。

王成金（2014）认为，与传统管理中政府运用权威进行单项控制为主不同，治理理论是一个上下互动的协调过程，强调多主体协同管理，管理主体以政府为主，其他公共组织、私人部门、公益组织，甚至公民个体是重要的参与主体。张毅、陈友福和杨凯瑞（2012）认为城市治理是一项系统工程，不仅需要政府管理部门发挥其核心和引导作用，而且要积极引导城市居民和社会中介组织共同参与城市治理，形成多主体协同治理的新模式。因此，基于智慧平台的建设，能够协调城市中各主体之间的关系，形成多类型治理机制，提升城市管理效能。

首先，智慧城市将推动城市管理走向多主体协同的社会治理，城市管理者可以更加精准地掌握社会信息，对社会状况进行实时判断，对可能事件进行提前预判和前期介入，降低城市问题发生的概率和治理难度。例如，城市的智慧化管理系统能够及时感知突发性事件，并通过系统进行智能化的调控，迅速做出判断，对事件做出积极响应。并且，智慧城市管理系统可以还通过学习能力，逐渐完善其处理应急性和突发性事件的能力（潘啸，2013）。

其次，智慧城市可为"整体政府"建设提供技术支持，通过整合行政机构、事务流程以及信息系统，实现制度结构与管理技术的联结，从而提高政府管理的协同性、权力运行的透明度和社会诉求的回应性。例如，积极推动将大数据技术运用于政府在城市治理的全过程和各领域，可以选择医疗、金融、公交、气象、食品安全、防灾减灾等具有一定大数据基础的重点领域，开展示范工程建设。加大政府与企业的合作力以及第三方机构对开放的政府数据进行开发，为市民提供专业化、个性化服务（梁丽，2016）。

再次，智慧城市将推动社会协同治理机制的形成，政府公共服务平台可为协同主体之间的信息资源共享提供有效渠道，构建政府与市民、企业以及其他社会组织的协商对话机制，并为多主体协同运作下各个环节的有效衔接提供技术支持。例如，通过建立跨系统、跨平台、跨数据结构的政府综合信息处理平台，依靠有线、无线一体化网络技术、统一通信技术、云计算、物联网等技术，把电子政务内网和电子政务外网、互联网、城市应急卫星通信网、集群通信网以及4G等通信网络整合为一个庞大的网络资源池，打造政府信息化航母的巨系统。这样，将有力地促进政府组织结构的优化，改进政府的运行机制，减少政府内部一些重复性的程序和工作，提高政府效率，为政府信息资源共享以及各主体交流协商提供有效渠道（王正攀、王植和刘柯妗，2015）。

最后，智慧城市将推动以城市社区为基础结构的城市管理模式的发展，智慧社区将组建高效能事务受理服务中心，推行扁平化社区组织管理，实现城市管理主体和客体之间更加及时、准确的互动。例如，蒋俊杰（2014）认为在智慧社区模式下，各种虚拟社区将大规模发展，这将扩大居民间的交往空间，降低居民间交往的成本，消除居民间的"陌生感"，为社区中建立相互关爱、守望相助、平等交流、民主协商的共同体提供跨越地理空间的平台。并且，智慧社区公共服务系统通过整合交通、养老、医疗、教育、环境、安防等功能，实现居民网上服务、网上咨询和网上办事，实时查询公共部门的办事进程等公共服务的智能化。智慧社区通过信息网络还可以把相互分割、互不衔接的部门整合起来，形成无缝隙对接，实现社区公共服务供给中的部门间横向和纵向的联动，破解政府管理"碎片化"的困境。

智慧政府是一种参与式的治理模式，借助物联网技术融合资源、信息和组织，通过整合、互动的方式建立起多主体协作式的多类型治理机制，构建一个可以实现信息共享、无缝链接与协同服务的综合管理服务平台和体系（严清清，2015）。

3.2.3 民生价值

关于民生的概念，从政治角度看，孙中山先生认为民生就是人民的生活，即社会的生存，国民的生计，群众的生命；从百姓角度看，民生指人们的日常需求；从政府角度看，其目标是使人们生活幸福安康（应江勇，2014）。城市是人口的聚集区，城市经济的繁荣发展、高质量的公共服务和高效的社会管理，可以为城市居民营造良好的工作和生活环境，提高人们的生活品质，实现人的全面发展，因此，智慧城市的民生价值在于重点关注城市人本发展（张毅、陈友福和杨凯瑞，2012）。

（1）智慧的生活环境和生活方式将提高市民的生活品质。

技术进步的人文价值在于它对人的存在、发展、自由和解放的积极意义；智慧城市建设的民生价值在于通过环境的优化与改善极大地改变人们的生活环境和生活方式，提高居民的生活品质。

首先，工业化的发展虽然促进了我国城市的发展，给人们带来物质财富，但是也彻底改变了人们的生活方式。在生活的社会化、一体化、全球化等方面表现尤其突出，现代网络和社会分工为人民提供了各项服务，同时也带来了食品质量、人身安全和家政服务质量等问题，特别是食品质量问题很突出。并且，随着城市规模的扩大、流动人口的增加和物流系统的逐渐复杂，传统的那种质检部门和居委会共同管理的方式已经难以很好地发挥作用。智慧城市利用新的信息技术建立实时更新的智能化系统，实现城市的智能化管理，保障与实体系统相协调，进而实现现代城市宜居的目标（潘啸，2013）。

其次，科技发展使城市居民生活环境发生改变。智慧城市在网络系统之中构建一个与地理空间不同的虚拟空间，为市民提供跨越时间及空间障碍的虚拟生活模式，提高市民的生活品质，包括医疗、交通、家居等都可以得到极大改善。其中，智慧医疗协调利用有限的医疗资源，解决目前医疗资源配置失衡，市民"看病难、看病贵"问题。智慧交通充分调度和利用城市有限的道路和停车位资源，确保城市道路的畅通，破解市民"出行难"问题。智能家居通过家庭网络将家居设备和信息化平台互联且统一管理，为市民创造一个舒适、便利、安全、节能和环保的家居生活环境（李健，2013）。

最后，在智慧城市中信息要素主导了公共资源的配置，公共服务细致入微，切实解决了市民的生活问题。例如，目前我国面临的日益严峻的人口老龄化和"空巢"问题，在智慧城市打造的网络化和智能化的环境与条件下将得到一定的缓解。再如就业问题，智慧城市的建设势必会创造一定的就业岗位，可以在一定程度上缓解就业难题（严清清，2015）。

此外，从苏州市信息化建设的诸多成果也可以看出智慧城市的建设切实改善了城市居民的生活。2014 年，苏州市在地理信息化方面，建成"数字城管""数字交通"等多个信息系统；在医疗卫生信息化方面，120 急救系统已与 110 接警系统并网运行，医疗一卡通工程也已上线操作；在社会保障信息化方面，社保基金中心已和全市 260 家定点医疗机构、药店及各区社保经办机构、市财政进行了实时联网，"五险合一"的社会保险管理系统也已投入运行，等等，这一系列信息化建设都切实关系到居民的现实生活（俞露，2014）。

智慧城市是以人为本的城市，其核心是运用创新科技手段服务于广大城市居民，让人民群众生活得更方便、更舒心、更幸福，实现居住舒适、交通便捷、生态健康、公共安全（张琳，2015）。

(2) 智慧市民理念以及智慧文教将促进人的全面发展。

城市的发展不仅依赖于基础设施的建设，更依赖于高学术水平、高创新型人才在知识创新和运用上的碰撞，市民不再是简单成为被管理的对象，而是城市建设的积极参与者（宋雪纯，2015）。智慧城市借助物联网等新一代信息技术，强化市民参与到城市的管理和运作的过程中，汇聚公众的智慧，在推动城市全面和谐发展的同时，塑造智慧市民的理念，推行智慧文教，进而促进人的全面发展。

首先，智慧城市不仅建立在物联网、云计算等新一代信息技术基础上，而且建立在"智慧市民"的理念假定上，即城市居民是"知识型""创新型""学习型"的劳动者，普遍具备智慧环境下的生存能力，适应智慧生活方式。此外，智慧城市提倡"终身学习""社会多元化""创造性"等理念，主张构建学习型社会和学习型组织，关注人自身素质的提高和个人价值的实现。因此，无论从发展需要，还是从理念追求来看，智慧城市都将成为高等教育与智慧劳动力的集聚中心,智慧城市的要义是培养"智慧市民",使人的全面个性化发展得到充分体现(张毅、陈友福和杨凯瑞,2012)。

其次,智慧市民培养目前主要集中在提供更为有效的教育途径、构建公共文化云服务平台、宣传终生学习理念等方面。肖应旭(2012)提出构建智慧教育体系需要打造高度共享的教育资源库、网络虚拟图书馆、远程网络教学平台等教育信息化系统平台,为社会全体公民提供公平的受教育机会,促进教学资源共享,完善公共文化信息服务体系,建设学习型社会。例如,台北市政府在智慧城市建设规划中鼓励在职员工的技能再培训,推出 E-Learning 学习网络平台,建置以实体教学为主电子化在线网络平台为辅的培训体制,从而摆脱传统教学空间、时间的限制,营造自主、个性的辅助学习空间(张毅、陈友福和杨凯瑞,2012)。2014 年,苏州市在教育信息化方面,已建成苏州市教育门户网、苏州教育资源网等信息化平台,等等(俞露,2014)。

智慧城市的民生价值在于重点关注城市中人本身的发展,致力于为城市居民打造优越的工作和生活环境,提高人们的生活品质,关注人们的长期发展。智慧的生活环境和生活方式能够提高家居生活的便利性、自适应性和舒适性,提高居民的生活品质,智慧市民的理念以及智慧文教能够促进人的全面发展。智慧城市中,居民是知识型、创新型、学习型的,他们应该具备智慧环境中生存的能力,能够终身学习,成为高素质居民和智慧劳动力。因此,在智慧城市中,人会得到全面个性化的发展(韩天璞,2013)。

4 智慧城市的风险

自 2009 年 IBM 在《智慧的城市在中国》白皮书中提出智慧城市的概念后，中国各大城市纷纷加入智慧城市的建设队伍中，智慧城市成为互联网时代下继城镇化以来又一城市发展的热潮。从建设经验来看，智慧城市的建设主要分为两大类：城市改造型和新城开发型（李健，2013）。无论是哪种类型，智慧城市的建设都是一个不断改进的过程，包括智慧城市的建设期和智慧城市建成后的适应期及改进期。一座符合城市发展的智慧城市能够为城市带来巨大的利益，带领城市居民走向可持续繁荣发展的道路，然而巨大的利益总是与更巨大的风险相伴，智慧城市的建设同样充满风险。在我国智慧城市的建设热潮中不乏盲目跟风参与智慧城市建设的传统城市。一座城市的建设不是简单的搭建筑强技术，尤其是智慧城市的建设，要求传统城市进行经济转型，创新公共服务和社会治理，提高市民的生活质量并促进人的全面发展，因此，一座智慧城市的建设是一个复杂且庞大的系统工程。城市建设者必须认清城市的发展方向和风险才能建好智慧城市。本研究通过对以往的文献研究成果及部分智慧城市建设案例进行分析总结，并把智慧城市的风险主要划分为理念风险、技术风险、产业风险和社会风险。

4.1 理念风险

理解事物的理念是认识事物的前提，在智慧城市的建设中也是如此。只有正确理解智慧城市的理念，才能抓住智慧城市的本质和核心，进而建设出符合城市自身发展特色的智慧城市。智慧城市的理念风险主要表现在外部输入的城市理念不符合自身城市发展,城市主体——人对智慧城市理念理解不透彻、盲目照搬建设。

4.1.1 城市理念的外部输入性风险

2009年年底,IBM公司公布了"智慧城市"解决方案,并将智慧城市作为IBM"智慧地球"策略最重要、最综合的应用。在IBM《智慧的城市在中国》白皮书的推动下,我国逐渐掀起智慧城市建设与研究热潮。2010年9月,宁波率先出台《关于建设智慧城市的决定》,成为国内首个明确提出智慧城市建设规划的城市,其后,北京、上海、广州等大中型城市纷纷跟进。从时间序列上来看,我国城市化进程中适时导入的智慧城市理念主要是IBM战略性输入的结果,目前,城市的建设基本遵循了IBM所提供的特征描述与架构设计,这将使我国智慧城市的建设面临城市理念的外部输入性风险(陈友福,张毅和杨凯瑞,2013)。

一方面,金融危机以后,以美国为首的发达国家为了及早抢占新能源、新一代信息技术产业为代表的新的产业制高点,实施"再工业化"战略。而IBM所适时推出的智慧城市的理念正好迎合了以美国为首的发达国家的"再工业化"战略,符合发达国家经济发展的需要。创立于1911年的国际商业机器公司(IBM)是全球最大的信息技术和业务解决方案公司。目前没有竞争对手可以在传感器网络、云计算、超级计算、软件服务、数据整合与挖掘等领域胜过它(张锐,2013)。如果中国完整接受并依赖于IBM的战略框架,就意味着接受它的技术、产品、管理方式和运行模式,这无疑将挤占我国信息产业自主创新的生存空间(陈友福,张毅和杨凯瑞,2013)。使IBM在"智慧城市"的建设中占领制高点,进一步拉大我国和发达国家之间的距离,并且甚至会使我国城市沦为以美国为首的发达国家的再工业化产品,最终国家成为依靠系统运转的工厂,城市的核心系统将由发达国家掌控,国人失去对国家的掌控主权。

另一方面,作为一种外生制度设计,IBM所提供的解决方案试图通过技术手段针对性地解决大量城市问题,但是未必能有效应对中国城市化进程中的深层次困境（陈友福，张毅和杨凯瑞，2013）。IBM 公司在《IBM 智慧的城市解决方案架构》中对其提出的智慧城市中的智慧模块都给出了对应智慧解决系统，尝试利用信息化的高科技系统解决城市发展中的问题，使城市运转得更加智慧、高效。毋庸置疑，IBM 提出的解决系统是智慧化程度最高的高新技术系统，且运作模式环环相扣、精确缜密，然而城市的主体是人，人的独特性和复杂性决定了不同城市有其独有的特色与问题，普适性的智慧解决系统只能解决普遍问题，对于城市进程中城市的深层次问题却效果甚微。例如，在我国的城镇化进程中，新生出越来越多城镇，但是其在基础设施和经济上与传统城市仍有很大差距，采用 IBM 提出的智慧系统的基础薄弱，如果不能建设起强大的信息系统基础和完整的数据库，智慧系统将无法施展价值。

4.1.2 发展模式的趋同性风险

智慧城市发展模式决定了智慧城市的特色，传统城市的现状和智慧城市理念的导出则决定了智慧城市的发展模式。目前，我国智慧城市的建设仍处于起步阶段，大多处于顶层设计阶段，并且当前智慧城市标准化工作仍旧呈现重技术、轻管理和系统的局面（杨瑛，2016），在智慧城市的建设规划中具有明显的相似性。趋同化的城市发展束缚了智慧城市的个性化发展，将加剧城市之间的恶性竞争，影响智慧产业的有序发展。

我国智慧城市建设从 2010 年宁波出台建设智慧城市的决定之后，迅速掀起一股建设的热潮。但是目前，智慧城市试点城市出台的建设规划在纲要结构、产业布局、重点应用、支撑体系等方面都具有很大的相似性，缺乏创新，并且整个国家的智慧城市建设规划都明显地表现出重技术、轻管理和系统的现象。北京市在《北京市"十二五"时期城市信息化及重大信息基础设施建设规划》中提出推动"大外包"机制，采用建设—转移（BT）、建设—运营—转移（BOT）等模式加快信息化发展，但尚未在具体智慧城市建设工程中实现上述机制和模式（乔亲旺和洪珊，2014）。

中国智慧城市标准工作始于 2011 年，由全国信息技术标准化技术委员会、通信标准化协会、智能建筑和标准化技术委员会等着手分别推动智慧城市基础性、总体性标准的研制。2014年，国家标准委联合相关部门成立国家智慧城市协调推进组、总体组、专家咨询组等，负责组织推动中国智慧城市标准体系框架以及重点标准研制，如参考模型、顶层设计指南、评价模型、数据融合、公共信息服务平台等国家标准的研制。在国家智慧城市标准体系框架分类下，共有总体标准、支撑技术与平台、基础设施、建设与宜居、管理与服务、产业与经济、信息安全保障七大类标准，但是对于产业与经济、管理与服务的标准研制一直处于比较薄弱和空白状态（杨瑛，2016）。智慧城市评价标准建立的不平衡将导致智慧城市建设规划的不平衡，最终导致智慧城市的不健全。

智慧城市的理念风险面临城市理念的外部输入性风险和发展模式的趋同性风险。智慧城市的建设热潮势不可挡，只有准确地把握智慧城市的理念，依据已有的智慧城市理念，结合城市自身的自然、经济、文化、政治等基础情况，制定适合自身发展的智慧城市建设思路，才能建设出符合自身发展，具有自身个性的智慧化城市。

4.2 技术风险

以物联网、云计算为核心的新一代信息技术贯穿于智慧城市建设的始终。一座智慧城市相当于一个庞大的信息技术系统，城市的运作几乎完全依赖于系统的运转，因此，建设智慧城市的首要关键在于技术的提供和系统的构建。然而，我国目前的信息产业并不发达，建设智慧城市的核心技术仍需借助发达国家技术，且自信息化时代以来，人们的衣食住行用等生活方式发生了不可逆转的改变，信息技术在带来便利的同时也造成了层出不穷的互联网事件，网络黑手肆意盗取网络用户信息，散播网络病毒，用技术破坏技术，技术系统的不稳定等给人们带来多种风险。建设智慧城市必须认清可能面临的技术风险，做到防患于未然，努力建造坚固的技术系统。

4.2.1 技术链非自主性风险

我国智慧城市建设的技术链不具备完全自主性,将面临非自主性风险(陈友福,张毅和杨凯瑞,2013)。虽然国内物联网、云计算等新一代信息技术正在快速发展,宁波等城市成立了专门的智慧城市研究机构,物联网专业人才培养计划也已经实施,但是"智慧城市"的技术系统不同于以往仅在某个领域内发挥作用的单一技术系统,全面塑造智慧城市涉及很多行业和领域,因此,单纯的发展信息技术并不能支撑起智慧城市的宏大愿景。况且,人才培养体系不健全直接影响解决当前人才供给问题,难以构建智慧城市社会长期的、持续的、有效的人才供给机制,人才培养与科研之间也难以形成良性互动(陈友福,2013)。

因此,建设智慧城市必须购买先进技术和引进高端人才。例如,在物联网标准方面,我国目前仅有组件式传感器的通用标准,而新型传感器标准基本为空白,中高档传感器产品几乎100%从国外进口,90%芯片依赖国外。大量购买国外新进技术在增加城市建设的经济压力的同时增加了城市的技术非自主性风险。而且引进高端人才虽然能从短时间上弥补大量缺失的技术链环,对我国人才信息技术的进步和人才基础的积累并没有显著作用。

整体而言,我国智慧城市建设的技术链不具备完全自主性,将面临非自主性风险。首先,购买国外高附加值的智慧技术和产品将消耗大量资金,从而增加智慧城市建设在资金供应、产业发展等方面的压力;其次,广泛使用国外技术和产品将对国家安全构成威胁,例如,目前国内大部分终端主机和互联网络所依赖的芯片、操作系统、路由器都有可能存在不可知的漏洞,而技术所有国(或企业)可以根据需要随时选择关键节点实施隐性侵入。

4.2.2 物联网安全隐患风险

物联网是基于互联网系统之上联通网络与硬件设施的新一代网络技

术，是网络世界和物质世界的桥梁。自 2009 年以来，在近几年国家政策和产业技术创新的有力推动下，我国物联网呈现强劲发展势头，不断应用于智慧城市的各个领域，已经逐步进入深化发展的新阶段（姚建铨，2016）。但是我国物联网技术尚不成熟，还在不断研发推广应用之中，整个技术链过程中的每一环节都面临着风险，都有可能导致智慧城市建设失败。在物联网系统中存在的风险主要表现为三大风险：感知节点存在的技术风险、网络传输存在的技术风险及网络联通存在的技术风险。

(1) 感知节点存在的技术风险。

在智慧城市的物联网环境下，网络与设备、设备与设备的连接构成了一张规模越来越大的网络，在网络中每一个设备都是一个节点，而设备分布极广、种类繁多，攻击者可以轻易接触到这些设备并对设备或嵌入其中的传感器节点实施破坏，甚至更换其软硬件，以便对其实施非法操控。并且，随着智慧城市网络连接越来越快捷、广泛与复杂，彼此节点间的依存度日益增长，若一个设备被恶意破坏，影响的不仅仅是单个设备或系统，可能造成全网设备的瘫痪、损害，甚至对人民群众人身安全造成威胁，破坏的后果几乎是不可估量的（赵大鹏，2013）。

(2) 网络传输存在的技术风险。

由于物联网的信息传输是依靠无线信号来进行的，因此，物联网的通信信道具有开放性的特点，设备之间传输的无线信号很容易被屏蔽、干扰。攻击者可以通过阻碍信息的传输，使受干扰的信号无法正常地到达目的地，轻者设备没有响应不完成命令，重者会造成整个物联网系统的瘫痪。且在物联网的网络环境下，恶意程序攻击的入口较多，入侵一旦成功，其隐蔽性、传播性和破坏性等较 TCP/IP 网络将更难以防范。另外，物联网中节点以集群方式存在且数量庞大，当大量节点提出数据传输需求时，将引发网络拥塞，造成物联网传输瘫痪。攻击者可以通过制造巨量数据传输请求，造成网络瘫痪，甚至城市运行失序（赵大鹏，2013）。

(3) 网络联通存在的技术风险。

物联网是建立在互联网之上的网络，所以互联网的不安全风险将会扩展到物联网上，反之，物联网中的不安全因素也会传播到互联网上。现有的信息安全防护体系，很难应对各类风险叠加后的综合风险。而且物联网在感知层所采集的数据格式是多样性的，来自各种类型感知节点的数据是海量的、并且是多源异构数据，带来的网络安全问题更加复杂。再者，物联网与几个逻辑层基础设施之间仍存在许多本质区别：已有的对感知层的传感网、传输层的互联网和移动网、处理层的云计算等的安全解决方案，在物联网环境中，可能将不再适用。

4.2.3 云计算潜在技术风险

美国国家标准与技术研究院（NIST）定义：云计算是一种可以方便按需使用的共享计算资源池（例如网络、服务器、存储、应用及服务等），并且可以以较小的管理成本或与服务商的互动迅速提供和释放计算资源的运行模式。用户可以通过计算资源池进行数据的远程存储和高效率的远程计算。云计算极大地提高了数据的运算效率，节省了数据的存储空间及管理成本，但是，云计算作为一个存储大量数据的开放性平台，增加了信息泄露的风险，也加剧了城市的两极分化和数据主权问题。

（1）信息安全风险。

云计算平台所面临的信息泄露风险主要是政府部门的信息安全风险。近年来兴起的电子政务系统在向云端迁移的过程中受到的最大阻碍便是对数据安全性和私密性的担忧。在传统的电子政务过程中，IT 服务外包商只提供网络架构和网络，而包括服务器、防火墙、软件和存储设备等都由政府部门自行负责，用户对所有的物理设备和软件系统有完全的控制权，不论是不顾成本自建数据中心还是租用机房，通过物理隔离的方式都可以避免未授权用户接触到自己的服务器和数据，从而确保自身数据的安全性不被破坏。而在云计算环境下，政府部门自身的数据都被存放在云数据中心，云计算具有集中化存储、虚拟化、无国界化的特性。由于云计算的无国界化特性，可能产生某一国家或地区的数字存储于另一国家或地区，任何使用者都可以通过交付或存储的方式进行数据计算，这对国家或地区的政府部门的信息安全无疑是一个极大的威胁。

(2) 数据风险。

数据风险主要分为数据鸿沟风险和数据主权风险。云数据中心储存了大量的来源各异的数据，智慧城市的电子政务依赖于云数据中心，但是目前我国信息化水平发展并不均衡，截至 2016 年 12 月，我国网民规模达 7.31 亿，普及率达到 53.2%，信息化发展水平从东部沿海地区向西北、西南、东北三个方向，基本呈现出逐步递减的态势。只有具有适当网络基础设施的地区能通过"云"使用最新技术建设智慧城市，大数据预测在信息化程度较高的经济发达地区快速发展和普及，会加剧偏远农村和贫穷人口的数字鸿沟和认同隔阂（郭建锦，2015）。国家内部因为信息化水平的不均衡尚可能加剧两极分化，世界上东西部国家对信息技术掌握和运用方面差异明显，更会加深不能使用云服务的国家和其他国家和地区之间的数字鸿沟，甚至威胁国家的生存。

其次，陈友福（2013）认为用户在云计算实际的使用过程中，可能由数据的拥有者变成数据的使用者，虽然对于个人领域来说，这一转变影响很小，但是对于有大量需要保密的有敏感内容的电子政务数据来说，这种转变带来的安全风险很大。并且，在全球化时代，由于云计算的无国界化，可能产生某一国家或地区的数据被存储在另一国家或地区，计算数据可以通过互联网进行存储和交付。由于数据是无法掌控的，而每个国家和地区都有自己的法律和管理要求，一旦产生法律问题，按照哪一方的法律处理变得十分复杂。但是目前，关于云计算使用的法律保障仍不完善。

4.3　产业风险

从技术的角度来看，智慧城市等同于一座庞大且复杂的技术系统。在智慧城市理念的号召下，越来越多的企业向智慧产业的方向发展，然而我国城市智慧化的发展面临着来自产业领域的多种风险。我国信息产业发展仍不充分，与发达国家有很大的差距，较为完整的智慧产业链仍未形成，而且，我国智慧产业发展不均衡，建设完整的智慧系统面临着产业结构空洞的风险；其次，社会上对于智慧城市的理念认识不足，容易产生导致产业结构与智慧城市建设结构不符的风险。

4.3.1 产业基础薄弱风险

国家目前推行智慧城市试点建设正是基于我们没有成功经验可循，技术、资金和人才都不足，全国各地城市的基础设施建设又不均衡，只能在基础设施较好的城市进行探索性建设。然而我国基础设施较好的城市仍然面临着产业基础薄弱的风险。

（1）产业结构不合理风险。

发达国家的第一二三产业结构通常为1∶26∶73，然而从相关的统计年鉴上可以看到，我国进行智慧城市试点建设的城市产业结构与发达国家的产业结构仍有差距。从表4-1中可以看出，北京市的第二三产业分别占19.7%、79.7%，已经超过了发达国家产业结构比；上海市的产业结构与发达国家城市产业结构比较接近；重庆市的第二三产业占GDP比重基本持平，但是与发达国家的产业构成相比差距较大。我国目前投入建设智慧城市的城市越来越多，但是只有北京市、上海市这样的大城市的产业结构能够支撑起智慧城市产业的发展，中小型城市产业结构差距较大，建设智慧城市面临着产业结构不合理的风险。

表4-1 2014年和2015年智慧城市建设产业基础对比

指标 城市	生产总值 （亿元）		第二产业占 GDP比重（%）		第三产业占 GDP比重（%）		信息传输、软件 和信息技术服 务业（亿元）		信息传输、软件 和信息技术服务 业从业人员 （万人）	
	2014年	2015年	2014年	2015年	2014年	2015年	2014年	2015年	2014年	2015年
上海市	23567.70	25123.45	34.7	31.8	64.8	67.8	1211.8	1376.7	45.72	46.26
北京市	21330.83	23014.59	21.3	19.7	77.9	79.7	2081.9	2383.9	59.8	66.3
重庆市	14262.60	15717.27	45.8	45.0	46.8	47.7	—	—	15.31	16.31

数据来源：中国城市统计年鉴（2015年、2016年）、上海市统计年鉴（2015年、2016年）、北京市统计年鉴（2015年、2016年）、重庆市统计年鉴（2015年、2016年）。

(2) 信息产业发展不充分风险。

近年来，在信息沟通类互联网应用、财务与人力资源管理等内部支撑类应用方面，中国企业互联网活动的开展比例均保持上升态势。截至2016年12月底，我国境内外上市互联网企业（特指互联网业务的营收比例达到50%以上的企业）数量达91家，总体市值为5.4万亿元人民币。从全球范围看，我国作为大型经济体，在2016年全球信息化发展指数排名中位列第25名，首次超过G20国家的平均水平（见图4.1）。然而，我国仅有六成企业兼有信息化系统，智慧城市建设需要以强大而完整的信息产业为基础，目前有四成企业没有信息化基础，而有信息化系统的企业中的系统又并不一定适合智慧城市，这对建设智慧城市来说具有相当大的阻碍作用。

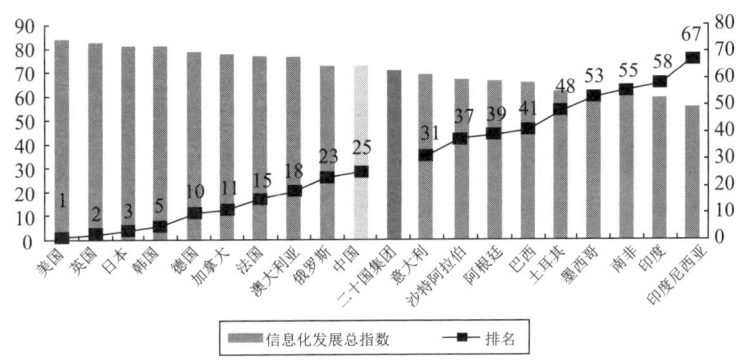

图4.1　全球范围的信息化发展指数排名

资料来源：中国信息化发展评价报告（2016）。

(3) 智慧产业链不完整风险。

我国的信息化产业取得了很大的进步，但是我国信息化在网络基础设施、终端设备普及率、关键核心信息技术创新、信息化人力资本储备等方面，与全球信息化发达国家和地区相比较，仍存在差距，以至于较为完整的智慧产业链仍未形成。以物联网产业为例，物联网产业链大致可以分成以RFID、传感器网络为代表的上游产业，以物联网管理中心、物联网信息处理中心等集成系统为代表的中游产业，以远程医疗、智能家居等应用系统为主的下游产业，我国物联网产业的发展仍主要集中于上游产业，中下游产业发展较弱，断链和断环现象明显（陈友福，2013）。

4.3.2 产业结构空洞风险

物联网将成为下一个万亿元级规模的新兴产业，在庞大的市场空间和发展潜力的刺激下，更多城市和企业涉足智慧产业，都想乘上发展的快车，摇身变为综合实力领先者，部分城市更可能因此做出完全高端化的产业布局，但由于相应的产业层级不完整，就业人口转型达不到社会需求，以及外部环境竞争激烈，智慧产业发展计划很可能面临失败，进而导致多类型的产业结构出现空洞风险（陈友福、张毅、杨凯瑞，2013）。

（1）高端化产业布局脱离实际风险。

据美国独立市场研究机构 Forrester 预测，到 2020 年，物联网业务与现有互联网业务之比将达到 30∶1，物联网将成为全球下一个万亿元级规模的新兴产业。在云计算服务方面，云计算技术将被政府、通信、教育、医疗、金融等越来越多的重点行业采用。如此庞大的市场空间和发展潜力将刺激各个城市涉足智慧产业，并且自国家"十二五"规划中发展信息产业和智慧城市建设的导向公布，部分城市更可能因此做出完全高端化的产业布局，但由于相应的产业层级不完整，基础设施不完善，就业人口转型达不到社会需求等因素，很可能导致智慧城市建设的产业化布局与城市自身产业情况脱节、断链，使智慧城市建设空有"雷声"，却无法滋养干涸的城市。

（2）信息产业从业人员数量不足风险。

信息产业从业人员数量稀缺，将使智慧城市建设更多地停留在规划设计阶段。如表4-2所示，2011—2012年全国信息产业就业人口总数均约占城市年末单位就业人口总数的1.4%，2013—2015年全国信息产业就业人口总数均约占城市年末单位就业人口总数的2%；并且从表4-2中可以看出，信息产业从业人员向少数发达城市高度集中，造成信息产业的发展不均衡，2015年，北京市信息产业从业人员数为66.3万人，占全国信息产业从业人员总数的18.9%，而重庆市当年信息产业从业人员数仅为16.31万人，占比约为4.7%。另外，物联网、云计算等信息技术和智慧产业仍处于起步阶段，多数从业者是从通讯、互联网和IT领域转行而来，存在专业不对口问题。以上问题不仅会导致智慧城市建设专业人才的严重短缺，还会使得大量智慧城市建设项目无法有效开展。

表4-2　2011—2015年我国城市信息产业从业人口情况　　单位：万人

	2011年	2012年	2013年	2014年	2015年
城市年末单位就业人口合计	14413.3	15236.4	18108.4	18277.8	18062.5
城市信息产业就业人口合计	212.8	222.8	327.3	336.3	349.9
上海市信息产业就业人口合计	27.57	28.12	27.68/44.62	45.72	46.26
北京市信息产业就业人口合计	47.7	51.2	57.0	59.8	66.3
重庆市信息产业就业人口合计	10.57	12.34	13.98	15.31	16.31

信息产业：信息传输、软件和信息技术服务业。
资料来源：中国城市统计年鉴（2015年、2016年）、上海市统计年鉴（2015年、2016年）、北京市统计年鉴（2015年、2016年）、重庆市统计年鉴（2015年、2016年）。

4.3.3　产业结构与智慧理念错位风险

新一代信息技术贯穿于智慧城市建设的始终，建设智慧城市必须建立并发展新一代信息产业。"十二五"规划中，发展信息产业和智慧城市建设的导向激起了地方政府建设智慧城市的热情，各地政府都想抓住这个机遇扩大投资，发展新兴产业，增加就业机会。但前提是，必须看清自身状况，制定合理的发展规划，努力做到投入与建设需求相符合，否则将严重影响智慧城市的建设进度，甚至导致智慧城市建设失败。

（1）顶层设计错位风险。

由于在政绩利益和商业利益的共同驱使下，很多基础设施较差的中小城市完全无视或没有真正理解智慧城市的核心价值和逻辑基础，严重曲解了智慧城市建设的实质。例如，一些城市盲目地上资金耗费大、技术要求高、惠民范围窄的智慧项目，由于顶层设计得不合理和盲目，导致投入缺乏目的性，人力、物力和财力等投入都非常分散，使政府背负着巨大的财力投资压力进行错误的智慧建设,与智慧城市建设需求严重错位,甚至越投入使原来的城市越落后,远不能适应智慧城市的发展理念。

(2)市场导向错位风险。

安提洛克(Anttiroiko)曾指出在智慧城市建设的和运营中,技术公司从中收获最多。在智慧城市的建设过程中,公司的兴趣主要在城市治理中攫取丰厚的利润。其中,跨国公司的兴趣主要在城市治理中获取利润丰厚的领域开发和运用先进的信息技术,特别是在环保、能源、水以及城市可持续发展的领域。由于"十二五"规划中发展信息产业和智慧城市建设的导向,激起了地方政府建设智慧城市的热情,都想抓住这个机遇扩大投资,发展新兴产业,增加就业机会。运营商也趁此机会加大对智慧城市的优势宣传和理念推广,频频与地方政府签订相关的战略合作协议,垄断技术支持和抢占市场份额。导致智慧城市建设者看不清智慧城市建设的关键所在,盲目建设智慧项目或者因缺少企业的支持而无法实施原本的建设规划,从而导致智慧治理的收益与成本分担严重不对等。

4.4 社会风险

智慧城市建设社会风险是智慧城市建设风险在社会维度上的具体表现,是一种因社会环境不足引致智慧城市建设过程失败的可能性,是一种社会环境因素对智慧城市战略目标实现影响程度的考量。智慧城市建设必定对智慧城市社会中的人提出必要的角色要求和行动规划,也将推动社会物象、制度体系、组织结构以及活动方式的智慧化变迁,并逐步牵引社会意识形态、伦理道德、风俗文化发生改变,在这复杂的社会解组和重构过程中形成的社会风险构成了智慧城市建设社会风险的主体内容(陈友福,2013)。

4.4.1 社会主体风险

社会的主体是人,人推动了城市的改造,享受着改造的成果,但同时，人也是城市改造——智慧城市建设中最大的风险之一。社会主体主要从市民、管理者和建设者三个方面威胁着智慧城市的建设：智慧城市建设对智慧城市中的市民有更高的素质水平要求；管理者全权掌握智慧城市的建设，却无先例可以借鉴；建设者必须有更高的人力资本储备才能胜任智慧城市建设的重任。

(1) 市民素质培养不足风险。

城市的发展水平最终由城市的市民决定，市民是城市最大的主体，市民的素质直接影响整个城市素质的高低。首先，市民的文化水平影响市民对智慧城市的适应能力。智慧城市的智慧系统使用者是居住在城市中的市民，只有市民能够较快地接受智慧城市的系统，促使智慧城市的建设拥有一个良好的发展。其次，智慧城市较传统城市有许多实体事物被虚拟化、信息化，海量信息铺天盖地般地涌向市民，智慧城市中的居民能否拥有较高的信息素养，有效地选择、查找或评估智慧系统上的信息，影响智慧城市系统是否正常运营。最后，人是一个生命体，具有灵活多变的特性，人稍微有破坏智慧系统正常进行的行为就可能导致整个系统陷入瘫痪，因此，智慧城市的建设对市民的规则性提出了更高的要求，智慧城市面临着市民规则性不强的风险（陈友福，2013）。

(2) 人才基础薄弱风险。

目前，薄弱的专业人才基础无法满足建设智慧城市的高人才消费需求（陈友福，2013）。在智慧城市的建设中，智慧经济、智慧环境、智慧政务、智慧生活等都离不开智慧人群（张锐，2013）。吴运建（2012）认为智慧城市的建设和运营是一项非常复杂的创新工程，需要大量高素质的人才，尤其是高端的技术人才、管理人才和跨学科、跨领域的复合型人才。2015年年末，我国城市单位就业人口为18062.5万人，而城市信息产业就业人口仅有349.9万人，人才缺口巨大，在我国当前的人才资源情况下开展智慧城市建设，将面临严重的人才准备不足风险。另外，我国目前人才基础薄弱且缺乏完善的保障人才体系，只有构建完整的人才保障体系才能从根本上解决人才稀缺问题，但是构建体系到人才补给是一个缓慢的过程，短时间内难以提供足够智慧城市建设所需的人才数量。而且，智慧城市中智能技术、大数据的普遍使用将造成大规模失业的风险，从而加重城市运行负担。

（3）管理者决策偏差风险。

城市规划者和管理者在智慧城市建设过程中主要扮演决策者的角色，智慧城市建设实质上就是一系列决策制定与实施的过程。目前，我国智慧城市建设都处于起步阶段，并且大多城市管理者都完整地遵循了IBM提出的智慧城市的解决方案，但是能否真正解决中国城市独有的问题仍有待商榷。其次，城市的转变是对整个城市管理决策的改变，是一个城市系统的整体性变迁，城市中事物间的相互作用的多样性和复杂性，决策信息的充分性，决策机制的科学性等都会影响决策的结果，稍有疏忽就容易产生偏差。最后，我国城市管理者在制定城市发展规划时所能使用的能够辅助决策的资源仍然十分有限。在理论实践领域，目前尚无很好的智慧城市先例，且每个城市都有自身独有的问题。在理论研究领域，学术界所能提供的研究成果比较少（陈友福，2013）。

4.4.2 社会制度风险

社会制度是社会关系的一种规范形式，社会关系的制度化表达是现代社会管理理性化的一个基本特征，其实质是希望通过控制人们行为的不确定性来避免社会风险的发生（李文祥，2007）。智慧城市明显的技术特征要求智慧城市建设实行一种突进式的社会制度创新。尽管制度是按照既定构想优化社会关系和人们行为的良好方式，但这种过快的制度变化将可能出现制度规范设计不合理、实施机制不完善等多种问题，从而导致预期的制度功能发生偏差，即制度风险（陈友福，2013）。

（1）组织协同机制不完善风险。

我国目前组织协同的领域和内容十分有限，协同事务处理能力较低，难以满足智慧城市建设的基本要求。首先是严重制约协同政务推广的核心问题没有得到有效解决。近年来，我国电子政务建设进入了发展的快车道，但是我国在电子政务前期建设中普遍缺乏统一规划和标准，电子政务系统的异构问题使得不同的政务系统之间难以实现相互操作，"数字鸿沟"构成了政府部门之间的业务协同和信息共享的障碍。其次是社会协同治理中社会组织的严重缺位。智慧城市的建设需要社会组织的广泛参与。但是目前，我国社会组织建设自身存在许多问题，同时又受到外界的限制，未能发挥其应有的积极作用。最后，现实组织与虚拟组织协同的问题仍未得到有效解决。智慧城市建设将继续扩大我国虚拟社会的规模，缩小虚拟社会和现实社会的逻辑距离与边界。我国政府部门和虚拟社会组织之间的合作仍处于尝试性阶段，协同治理的方式和内容有限，且往往是单一政府部门管控虚拟社会组织方向的（陈友福，2013）。

（2）法律法规体系不健全风险。

目前，我国关于网络安全的法律法规体系仍不健全，这使得网络空间主权、国家安全、社会公共利益、公民、法人和其他组织的合法权益，以及经济社会的健康发展得不到有效保障。网络已经成为继陆、海、空、天之后的第五空间，成为新形势下维护国家安全的重要领域之一。法律体系不健全将使得以隐私权为代表的信息应用安全得不到有效保障，使得新一代信息技术环境下的知识产权保护问题突出（陈友福，2013）。此外，现有法律法规缺乏系统性，多为分散的、法律位阶较低的条款，且相互之间存在交叉和抵触的现象，执行过程中存在较大难度。法律法规若不能及时跟进，智慧城市的建设将得不到保障（史笑晗，2016）。

（3）政策支撑体系不完整风险。

原珂（2017）认为，我国智慧城市建设普遍存在"重硬件建设、轻制度安排"、相关政策法规配套滞后等方面的严重问题。首先，当前智慧城市建设的相关政策仍然主要集中在战略层和综合层，而操作层面的政策比较少。其次，从政策工具的类型划分来看，当前我国智慧城市建设过程中所使用的主要是供给型政策工具，环境型、需求型政策工具比较少。最后，当前智慧城市建设相关政策的内容主要集中在基础建设、产业规划等方面，而关于人才、金融等必要内容的政策文本比较少。例如，从宁波市智慧城市建设相关政策文本中我们可以发现，不管是目标描述，还是项目规划，政策内容都主要集中在智慧基础设施建设、智慧产业布局等方面，很少涉及智慧人才的供给与培养、金融环境构建等，政策内容的缺失一定程度上代表了智慧城市建设相关资源的不足，这种资源约束将会在智慧城市建设的过程中逐渐显现出来（陈友福，2013）。

4.4.3 其他社会非制度性因素

与信息技术和社会环境的快速变化相比，非制度因素往往具有更强的路径依赖性和历史延续性，表现出明显的保守性和滞后性，在短时间内要求社会普遍理解智慧城市的核心理念并传递其价值显得十分困难，并因此产生一定的非制度性风险（陈友福，2013）。主要表现在技术伦理批判、道德体系滞后、社会信任机制缺失三方面。

（1）技术伦理批判风险。

技术伦理批判的基础理念是"技术对'善'和'恶'的发展都带来无限的可能性"，技术是一把双刃剑，它可以用来改善人们的生产和生活方面，但如果我们没有理智地去利用它，技术也将可能带来破坏性结果（张运松，2008）。在新一代信息技术面临的技术伦理批判方面，陈友福（2013）认为新一代信息技术伦理批判首先表现为技术对"人的主体性"的挑战，其次还表现为人们对"失去隐私"的担忧。张丙宣和周涛（2016）则认为智慧治理并没有破解发展的路径依赖问题，这并不是因为技术水平不高，而是因为技术的官僚化使它沦为计算机官僚主义，成为新的知识—权利秩序的一部分。例如，在物联网世界，人和物都只是感知层的信息源，人与物都被同等地感知并无区别地还原为一串用数字表示的变量，与物的界限将更加模糊，在被监视的现实中，人的不信任感会增强，个人的选择会减弱，个性将感受到压抑（刘永谋、吴林海，2011；叶美兰、王林林，2011）。

（2）道德体系滞后风险。

道德体系是智慧城市的重要组成部分，当道德体系建设滞后于智慧城市建设整体进程时，智慧城市建设就会面临一定风险。一方面，传统道德体系在智慧城市中的约束力弱化，一些社会行为被置于传统道德约束范围以外，不道德行为发生的概率增大，产生的社会道德问题干扰了智慧城市建设；另一方面，新一代信息技术驱动下的社会变革将为社会成员提供更多新的行为方式，同时也产生新的不道德行为，影响人们对智慧城市建设的态度（张毅、陈友福、徐晓琳，2015）。例如，虚拟社会将给个体行为提供较大的自由度，在相对孤立的私人空间里自主选择社会角色和自由进行社会活动，造成一种个体可以脱离现实社会角色而独立生存的假象，容易使个人忘掉自己的社会地位、社会角色和社会责任，社会主体责任意识淡化。而且互联网社会的离散性、开放性、隔离性以及匿名性等特征在物联网世界依然存在，并将因此产生信息污染、信息霸权、信息欺诈等道德问题（陈友福，2013）。

（3）社会信任机制缺失风险。

社会信任是一种非常薄弱的心理基础，它很容易受到来自经济利益、政治权利和社会不道德行为等多种因素的挑战。普遍存在的技术漏洞和难以消除的技术风险削减了社会对智慧技术的信任。制度乏力与公信力不足削减了社会对智慧城市制度体系的信任。人与人之间的弱联系和不道德行为削减了城市社会的普遍信任（陈友福，2013）。组织协同不完善、法律法规体系不健全、政策支撑体系不完善风险体现了智慧城市建设中制度上的乏力，极大地降低了政府的公信力。加之频发的网络不道德行为，信息时代在增加了联系的便利性的同时也弱化了人与人联系的紧密性，使社会信任出现破裂。当前，智慧城市的技术特征和快速变化的社会环境对社会信任的形成和维系构成了挑战，导致新环境中的社会信任机制缺失，威胁到人与人、人与社会的基本社会关系，最终影响智慧城市建设（张毅、陈友福和徐晓琳，2015）。

5 智慧城市评价分析框架

对智慧城市进行评价研究，首先要选定评价的角度，从理论上为评价工作提供支持；然后选定评价方法，切实可行的实施评价工作；最后收集数据、处理数据，运用相关的数学模型进行计算测量，并对测量结果进行分析得出评价结论。本文从投入产出的视角切入，运用数据包络法（DEA）测量智慧城市的建设效率，从建设的有效性上对智慧城市进行评价。

5.1 基于投入产出视角的智慧城市评价理论分析

5.1.1 投入产出分析的基本理论及其研究优势

（1）投入产出分析的产生渊源。

在前人关于经济活动相互依存性的研究基础上，1931年，美国经济学家瓦西里·列昂惕夫开始进行投入产出分析研究。1936年，瓦西里·列昂惕夫发表了《美国经济制度中投入产出数量关系》一文。并编制了1919年和1929年的美国投入产出表，在此基础上分析美国的经济结构和经济均衡问题。该文章的发表也标志着投入产出分析的诞生。之后，列昂惕夫又出版了《美国经济结构1919—1929》以及《美国经济结构研究：投入产出分析的理论与实证探讨》等著作，这些著作详细地阐述了投入产出分析的基本原理及其发展。

投入产出分析是继承已有经济理论和方法的精华，其在理论上吸收了奎奈、马克思、瓦尔拉斯（L. Walras）以及凯恩斯等多位经济学家的相关观点；在方法上，吸收了苏联计划平衡分析方法和瓦尔拉斯运用代数联立方程来描述经济社会相互依存、相互联系的方法。在继承的基础上，投入产出分析又从数学工具方面对原有理论和方法进行了创新和完善，瓦西里·列昂惕夫创立投入产出分析，并凭借这一重大成就获得1973年诺贝尔经济学奖。

（2）投入产出分析方法的优势。

对于投入产出分析，学界还有另外两种表达，一种称投入产出技术，一种称投入产出法。确切地说，投入产出分析是一种数量分析方法，用来分析国民经济各部门、社会再生产各环节之间的数量依存关系。该分析方法以一定经济理论为指导，分析过程包含两个重要的内容，一是要编制投入产出表，二是要构建相应的投入产出模型。投入产出分析融合了经济学、统计学和数学三大学科的相关理论，是跨学科研究的产物。人类社会中有许多复杂联系现象，这些现象需要通过经济数量分析方法进行研究，投入产出分析就是经济数量分析方法之一。因此，投入产出分析它是适用于世界经济发展需要的分析方法。

投入指的是，在经济活动中，为得到预期成果而所消耗或占用的资源，主要包括原材料、办公用品、服务、劳动力、机器设备等，是所有生产活动的前提条件。产出指的是，在经济活动中，通过投入一定资源，生产转化而得到的成果，包括所得货物和服务的总量以及它们的分配使用去向，既有中间使用（即生产或社会活动的使用），又有最终使用（即生活消费、积累和出口等）。

投入产出分析就是将生产活动中的投入资源和产出成果按照生产理论进行划分，并统一置于一张投入产出表中用以分析。按照马克思的相关经济理论，社会总产品就是全社会产出产品的总和。因此，投入产出分析是一种宏观分析方法，用以对社会总产品进行考察。

任何一个经济系统或一个生产过程都可以看成是一个单元在一定可能范围内的投入产出过程，投入的是一定数量的生产要素，产出一定数量"产品"。虽然这些生产活动的具体内容各不相同，但也有相同的地方。第一，目的相同，但从目的来分析，都是尽可能地使活动的产出"收益"最大化。第二，都需要部门之间的相互合作，这些部门不同但又相互紧密相连，因为任何一个部门的产品都需要投入，而这投入物又往往是其他部门的产品，同时该部门的产品，又成了其他部门的投入物。因此，各个部门之间虽有不同，但是又都有着一种普遍的相互依赖关系。那么，各部门之间是如何联系的，需要一种科学的分析方法解释部门之间的联系状况；投入产出分析作为一种数量分析方法，可以有效地分析这种部门间普遍联系。并且，投入产出分析在研究实际经济生活中的经济结构问题，预测经济发展趋势，以及制定社会发展规划方面都发挥重要作用。

5.1.2 智慧城市建设的生产系统分析

城市的产生最初是为了防御入侵和实现商品交换。城市的出现，是人类走向成熟和文明的标志，也是人类群居生活的高级形式，它是人类经济发展到一定阶段的产物。联合国人居组织于1996年在《伊斯坦布尔宣言》中指出，现代城市发展的主要目标，就是成为人类能够过上有尊严、健康、安全、幸福和充满希望的美满生活的地方。生产系统是将输入资源转换为期望产出的过程。而人类社会可以看作是由多个性质上，具有差别但又相互有着联系的生产部门和消费部门组成的一个完整体系。每个部门的健康运行都需要以其他部门所生产的产品作为投入资源，同时该部门产出的产品又可以成为其他部门所需的投入资源或消费品。因此，从生产系统的角度来看，城市的建设和发展就是通过投入一定的生产要素，经过转化后产出一个便捷、健康、安全、幸福的美满生活的地方。

随着信息技术的飞速发展，IBM公司在2010年提出了关于智慧城市的愿景，并在世界范围内引起了新一轮的城市发展浪潮。许庆瑞等（2012）指出，智慧城市的愿景是实现经济、社会和生态的可持续发展，战略目标是提升百姓的城市生活质量（包括物质生活和精神生活质量），进而增强百姓的安全感与幸福感。所以，智慧城市的建设就是通过投入一定生产要素，转化为一个能够满足智慧城市愿景、实现智慧城市战略目标的地方。

目前，根据我国住房城乡建设部的两次审批，我国共有 193 个城市和地区成为智慧城市建设试点，但是这些试点并没有一个统一的建设标准。不仅在中国，在世界范围内也没有一个标准的智慧城市样板，无法对比反映出一个城市的智慧城市建设工作效果。因此，从投入产出的角度评价一个城市的"智慧城市"建设效率，即从城市建设的投入要素总量和产出成果总量的比率上，能够更加有效的反映出该城市的"智慧城市"建设效果。

从投入产出的视角对智慧城市进行评价，首先要理清智慧城市建设的投入要素和产出成果，进而从关键要素不断发散和深入，推导出智慧城市的评价体系。

5.2 智慧城市投入要素分析

在生产要素理论中，生产就是一个组织通过投入生产要素，生产转化得到期望产出的过程。生产要素理论起源于英国经济学家配第的相关著作，他提出了土地和劳动是生产的两个要素。在此之后，经济学家亚当·斯密在《国富论》中又提出了由劳动、资本和土地组成的"生产要素三元论"。19 世纪末到 20 世纪初，英国经济学家阿尔弗雷德·马歇尔在其著作《经济学原理》中提出了组织、劳动、资本、土地的"生产要素四元论"。后来的经济学家又在此基础上不断研究，概括出包含技术、自然、信息等不同要素的"生产五要素论""生产六要素论"等。综上所述，无论生产要素理论如何发展，其分类如何扩展，其中都包括了三个基本生产要素即人力、物力和财力。

现有的智慧城市建设计划大多是在城市原有的基础上进一步发展，因此，本文从人力、物力、财力三个方面分析智慧城市投入。人力、物力、财力在智慧城市的建设中一般表现为，拥有高技术的人力资本、信息流通更加流畅的基础设施，以及为建设智慧城市而进行的财政投资和社会投资。

5.2.1 高技能的人力资本

Bakici T. 等（2013）认为，智慧城市的主要目的之一就是促进创新，创造力被公认为智慧城市的关键驱动因素，因而人才、教育、学习和知识中心对智慧城市至关重要（Nam T. &Pardo T. A.，2012）。Glaeser E. L. 和Berry C. R.（2006）指出，智慧城市是高等院校和受过良好教育者的中心，同样，一个智慧城市应该充满了熟练劳动力。智慧的地方将愈发智慧，因为这样的地方像磁铁一样吸引富有创造力的员工和工人（Malanga S.，2004）。所以，拥有高技术的人力资源被认为是智慧城市的核心要素之一（Alawadhi S. et al.，2012）。

虽然高水平的信息技术被认为是建设智慧城市的关键因素，但人才作为技术的主要载体，其在智慧城市建设中的主观能动性发挥真正决定着技术的应用和城市的发展。因此，HollandsR. G.（2008）认为，向着更加智慧的城市迈进，就要主动追求人力资源，而不是盲目的相信技术本身能够自然而然的转变并提升城市的发展。

5.2.2 信息流更加通畅的基础设施

IBM（2009）指出，基础设施是一个城市发展的基本条件，要实现更透彻的感知和更全面的互联互通，就必须做好城市网络等基础设施建设。智慧城市以全面信息基础设施和平台为基础，是新一轮信息技术变革和知识经济进一步发展的产物，其本身就是一个涵盖了新一代信息技术各个领域的综合应用体系，具有高度的信息化水平（中国电信智慧城市研究组，2011）。因此 Cimmino A. 等（2013）认为，连通性是智慧城市的核心要素。智慧城市的目标之一就是创建一个居民所在城市的任何一个地方都能够信息共享、协作、互相操作和无缝体验的环境（Nam T. &Pardo T. A.，2012）。

智慧城市提供信息流通更加流畅的基础设施，知识经济就会在这种工业网络和集群区域中产生，这将创造一个企业、高校和政府相互交织、城市与公民相互交织的城市空间，最终这种市民、企业和城市相互交织的区域将创造出一个知识型社会（Bakici T. et al.，2013）。因此，MalekJ. A. (2011) 就提出，智慧城市就是指一个城市所有的基础设施都运用信息技术、最新的通信、电子和机械技术。由此可见，稳定坚固的基础设施，从覆盖了城市作为支柱的光纤到传感器，是发展智慧城市的关键（Bakici T. et al.，2013）。

5.2.3 政府及社会的资本投入

智慧城市建设的资本投入主要由两大部分组成，政府的财政投入和社会的资本投入。这两部分资本投入的侧重点不同，政府以提供公共产品为己任，主要以提供嵌入信息技术的基础设施为主，并对社会中的企业、公民等主体在研发或采用信息技术时进行一定的财政支持。因此，美国加利福尼亚州发布的《智慧社区建设指南》（2011）中明确指出，政府的支持是智慧城市建设的重要支持因素。

社会资本的投入主要以企业的信息技术研发、信息技术采用等资金投入为主。Leydesdorff L. 和 Deakin M.（2011）指出，在市场的引导、政府的鼓励下，企业在新信息技术的研发和采用上投入资金，在获得利润的同时，也实现了智慧城市创新的目的，为智慧城市的建设提供了物质基础和技术储备。由此使得智慧城市不仅是创造财富的地方，更是创新的中心。

5.3 智慧城市产出成果分析

在生产系统中，生产要素经过加工，转化为生产的期望所得。在智慧城市的建设中，投入产出模型从流程上反映出整个智慧城市的建设路径，即以人力资源、基础设施和资本投入为基础，建设产生各种应用平台，相应的对政府治理、民众生活、经济发展、自然环境产生重大影响（Alawadhi S. et al.，2012），最终达到经济且高效地满足民众的物质和精神需求（Cimmino A. et al.，2013）增强民众的安全感和幸福感的战略目标。因此，Alawadhi S. 等（2012）明确提出，智慧的政府治理、智慧的社会经济、智慧的居民生活、智慧的人文素养等既为智慧城市的产出成果，也是建设智慧城市的重要组成部分。

5.3.1 智慧的政府治理

Bakici T. 等（2013）指出，智慧城市建设其中的一个基本目标，就是使公共服务的业务流程在内部和外部都更加的透明、有效。Bakici T. 等（2013）进一步说明，智慧城市创造了信息交流的新渠道，使信息在局部和国际网络间畅通的交流，提升了公共服务的效能，使得政府的社会管理变得更加智慧。

Nam T. 和 Pardo T. A.（2012）认为，智慧政府意味着跨部门与社区合作，管理流程更加透明，管理行为更加有效和负责任，给公民获得充分信息以影响他们的生活决策。Giffinger R.（2007）则提出，智能管理代表着公民参与和透明流程，而电子政务是其中的关键。电子政务通过信息技术对政府管理流程的再造，促进公民进入智慧城市生活的愿景，保持政府决策和施政过程的透明（Paskaleva K. A, 2009）。

5.3.2 智慧的社会经济

Alawadhi S. 等（2012）认为，智慧城市的建设是由许多个项目组成的，一些智慧城市项目着重于提升城市的经济能力，例如增强本地区或国际市场占有率、创造就业岗位、引进熟练技术工人等，智慧经济就是由这些项目发展而来。

Dirks S. 等（2009）指出，城市经济是智慧城市的一个主要推动方面，城市的经济竞争能力则是智慧城市的一个重要属性。智慧城市是城市发展的新阶段，其引起的社会重大转型涉及政府、大学、技术中心、住宅、信息传播模式、企业家等，使得各主体间相互交织。智慧经济使得企业、人才和普通市民能够相互影响、合作，最终知识经济在这相互交织的网络中产生，实现经济的可持续发展（Bakici T. et al., 2013）。

5.3.3 智慧的市民生活

Cimmino A. 等（2013）指出，经济且高效的满足市民需求是智慧城市最重要的目标。城市就业、医疗卫生、交通运输、社会安全监管等是城市居民最关心、最直接、最现实利益的问题，而城市信息化能够信息化完善城市服务功能，优化公共安全、健康和教育等城市组织系统，提高城市管理、人民生活和城市环境的质量（IBM，2009）。智慧城市在充分利用新一代信息技术的前提下，以整合化、系统化的方式管理城市的运行，让城市的各个功能彼此协调运作，为市民提供更高的生活品质。

Komninos N.（2002）认为，智慧城市在城市和社区中广泛应用电子和数字技术，将会改变一个地区居民的生活和工作。智慧城市的最终目标是为它的居民提供可持续的繁荣。

5.3.4 智慧的人文素养

Leydesdorff L. 和 Deakin M.（2011）认为，城市可以看作是三种动力交织成的密集网络：高素质的人力资源、创造财富的产业及市民社会的民主政府。二人在此基础上进一步提到，随着新一轮信息技术的变革和知识经济的进一步发展，信息和交流将在这些网络空间中无处不在，而知识则是其中的关键，在信息共享、协作和无缝体验的基础上创造出一个智慧城市（Leydesdorff L. &Deakin M.，2011）。

Leydesdorff L. 和 Deakin M.（2011）还提出，智慧城市不应只是市场经济下的财富创造中心，更应该是信息交流、政治和文化创新中心。智慧城市的固有特性决定了高素质人才的不断聚集，在与市民、企业和城市的相互交织中创造出一个知识型的社会。因此，当前由智慧城市建设而兴起的城市再造运动无法脱离自下而上的文化再造，并对生活在城市中的市民产生重要影响，提升市民和全社会的人文素养（Leydesdorff L. &Deakin M.，2011）。

5.4 智慧城市建设的投入产出模型

智慧城市是城市发展的高级阶段,是在城镇化的特定时期,在城市建设、管理、生活中广泛运用信息技术,使城市与信息技术高度融合的产物。从分析智慧城市建设的投入产出关键要素可以清晰地看出智慧城市建设发展的逻辑结构,即通过人力资源、基础设施和金融资本的投入,融合、运用新一代信息技术,生产转化出智慧的政府管理与服务、智慧的社会经济发展,为公众的生活提供随时随地的便捷服务,最终提升全社会的人文素养。这种结构形成了智慧城市投入产出模型,见图5.1。

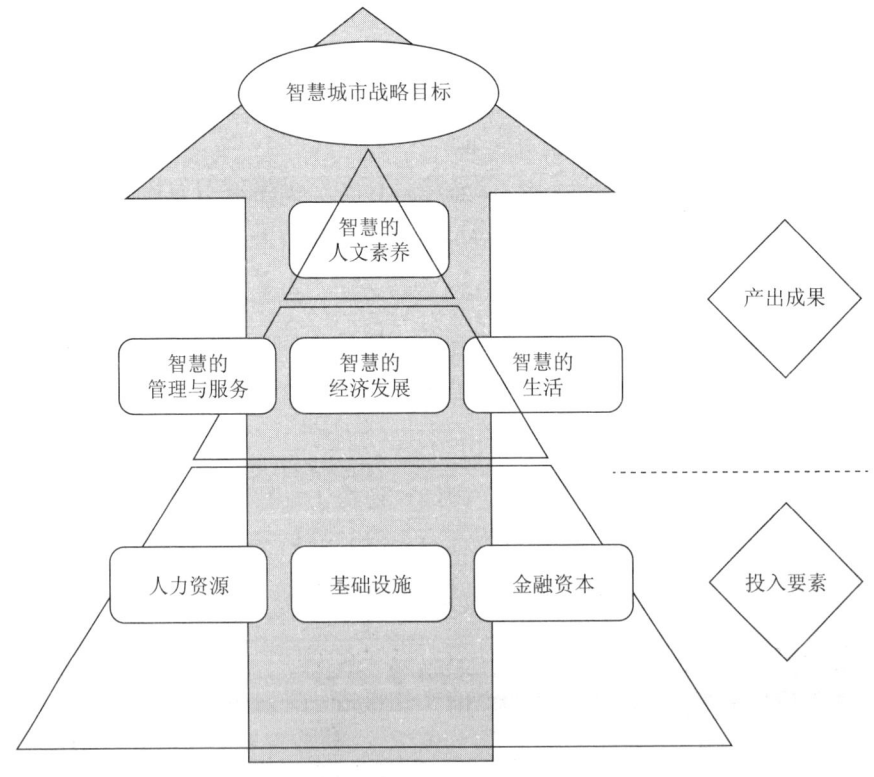

图 5.1 智慧城市投入产出模型

智慧城市建设的投入产出模型由下向上反映出整个智慧城市的建设路径，即以人力资源、基础设施和金融资本为主要投入要素，建设产生各类智慧应用平台，通过应用平台的广泛使用，提升政府的城市管理能力与服务水平，使城市的经济得到可持续的发展，提高民众的生活品质，最终使全社会的人文素养得到长足的进步，并向着智慧城市更高的战略目标迈进。

5.5 基于 DEA 方法的智慧城市评价

5.5.1 DEA 方法概述

数据包络分析（Data Envelopment Analysis，简称 DEA）由著名运筹学家 A. Charnes 和 W. W. Copper 等提出，其研究的理论基础是"相对效率"的概念，运用数学规划模型对投入和产出的相对有效性或效益进行评价，其中，投入和产出是多指标的，并且相对有效性是针对相同类型的单位（部门）来说的。

1978 年，第一个 DEA 模型——C^2R 被学者提出，经过几十年的发展完善，其相关理论研究不断深入，应用领域也更加广泛。目前，对于多输出的生产过程进行评价的研究中，普遍采用该模型，其有效性得到了广泛认同。

最初提出的 C^2R 模型，其假设前提是规模收益不变，在该假设的基础上，用来研究具有多个输入和多个输出的同类决策单元是否同时为规模有效和技术有效的方法。随着研究的深入，学者开始考虑规模收益可变的条件下的情况，之后，又提出了 BC^2 模型，BC^2 模型是在规模收益可变、评价纯技术有效的模型。进一步发展，又提出 FG 模型，来满足规模收益非递增的情况；ST 模型，来满足规模收益非递减的情况。这些模型是综合的 DEA 模型（马占新，2013）。

随着研究的深入，学者们发现在对指标权重系数不加以限制的情况下，运用上述模型进行相关研究计算，会产生误判等错误，从而使得一些决策单元的有效性无法得到有效检验。并且，由于上述的 DEA 模型没有体现决策者的偏好，造成了研究结论与现时情况的矛盾。于是，A. Charnes 和 W. W. Copper 等学者继续创新了 C^2R 模型，提出了 C^2WH 模型，学者在 C^2WH 模型中提出整锥比率来弥补原模型中决策者偏好缺失的问题，其中解决这个问题的有效方法就是调整锥比率，从而对决策者的偏好作出相应反映。在此之后，相关研究进一步深入，学者们又对 C^2R 模型做出了进一步研究发展，A. Charnes 等在面对无限多个决策单元时，提出了 C^2W 和 C^2WY 模型。在这之后，一些学者又相继提出新的模型，如动态 DEA 模型、模糊 DEA 模型、逆 DEA 模型等（段永瑞，2006）。

在经济学与计量学中，评价系统有效性的方法很多，但和其他有效性评价方法相比，DEA 有其独特的优势，DEA 方法可以用线性规划的方法来判断决策单元对应的点是否位于有效生产前沿面上，同时为决策者提供决策所需的信息支持。并且，在对多输入、多输出系统有效性进行评价时，DEA 尤其适用。因此，可以说，DEA 与一般的有效性评价方法相比更有优势，适用范围更广泛。

5.5.2 评价作用

智慧城市评价指标既是国家新一轮城市化发展的基础，又是政府制定智慧城市发展规划和加强信息化条件下城市管理的依据。智慧城市评价指标体系的建立对于促进新一轮城市化发展和国家经济结构调整具有极为重要的意义。开展智慧城市评价的作用主要有四个方面。

第一，评判。智慧城市是城市发展的高端阶段，是以互联网和物联网为基础，充分运用先进的信息和通信技术，将人、商业、运输、通信、水和能源等城市运行的各个核心系统整合起来的复杂系统，是促进城市的和谐、可持续成长的城市发展模式（IBM，2009）。城市内各个组成部分之间相互影响、相互作用，并且在建设过程中因为投入的变化等多种原因，各个子系统时时刻刻都在不断发生量或质的变化。因此，需要一个管理工具，为制定智慧城市发展政策提供重要依据。这种工具能较为客观的反映智慧城市发展状况，能够综合层面上测度智慧城市各系统的成长状况和系统间的协调性，并且能够敏锐地发现城市既有的优势和劣势。同时，还能判断智慧城市的发展所处的水平和阶段，鉴别其发展的潜力和发展的空间，可以实现从整体上动态地评价智慧城市建设的客观情况。

第二，监管。在一定的经济技术条件下，根据不同城市的现有发展水平和日后发展侧重方向，智慧城市的建设在人、商业、运输、通信、水和能源等城市运行的核心系统中有一定合理的资源投入侧重点。如果超过一定的侧重限度，就意味着城市的发展出现问题。建立以投入产出评价指标体系为基础的智慧城市评价体系，通过评价，对智慧城市的建设发展状况进行监测，能够及时掌握智慧城市建设的变化信息，尽早发现不良动向，有助于政府部门及时发现问题，为政府部门宏观管理提供保障，及时采取有效对策，适时采取调控手段，使智慧城市建设健康运行。

第三，预测。在城市管理中，预测占有十分重要地位，准确的预测可以使政府管理更具有针对性和指导性。根据城市发展变化的实际情况和历史评价数据、资料，结合信息技术的发展和应用，运用现代科学预测方法，对智慧城市建设发展动态进行评价分析，可以揭示智慧城市发展规律，预测其未来变化趋势，为政府部门制定智慧城市发展政策和发展规划提供客观、可靠的参考信息。

第四，导向。在市场经济条件下，由于外部效应、信息不对称、政策法规缺失，以及经济增长与资源环境冲突日益加剧等问题，智慧城市发展容易偏失正确方向。因此，政府部门应从战略的高度，用前瞻性的眼光，建立和完善智慧城市评价指标体系，为智慧城市发展树立典范，引导城市建设确定正确的奋斗目标和发展战略，激励和鞭策城市朝正确方向发展，使其坚定不移地向更加智慧的方向发展。同时，通过开展评价可以宣传智慧城市"无处不在的感知、适宜人类生活"的形象，展示经济结构更加优化、城市管理更加精细等优势，引导传统城市经济结构、社会管理、居民生活等信息化升级改造。

5.5.3　DEA 在智慧城市评价中的优势

现有智慧城市评价研究大多只关注于智慧城市评价指标体系的构建，少量涉及评价模型的研究中，均以测评智慧城市成熟度为目标。截至目前，世界范围内并没有一个完全满足现有设想的智慧城市样本，中国的智慧城市建设更是刚刚起步，并且智慧城市的建设更是随着经济发展、信息技术、网络技术等的进步而不断发展，所以对一个城市的智慧程度和智慧城市发展阶段都难以进行评判。因此，以 DEA 方法为基础，以智慧城市建设效率为目的进行评价工作，能够避免上述缺点，达到令人满意的效果。DEA 的内在特性使得其具有突出的优势。

第一，DEA 在应用数学规划模型的基础上，计算并比较决策单元之间的相对效率，进而评价和比较该评价对象。因此，DEA 能够测量和对比我国众多智慧城市的建设效果。通过综合分析输入数据和输出数据，DEA 可以得出每个决策单元综合效率的数量指标。在此基础上，将各决策单元定级排序，确定有效的决策单元，并指出其他决策单元非有效的原因和非有效的程度。也就是说，对同一类型各决策单元 DEA 不仅可以对其相对有效性做出评价与排序，而且还可以进一步分析其他决策单元非有效的原因及其改进方向。这个过程也为决策者提供了决策所需的重要管理决策信息。

我国目前有 193 个智慧城市建设试点地区，各城市、地区的地理、人文、经济、社会等状况各不相同，受这些多方面因素的影响，每个城市、地区的智慧城市建设必然所侧重的方向不同，建成效果上则具有其自身的特点。因此，难以有一个统一的样板和标准对这些城市和地区的建设效果进行评价，更加难以进行相互比较。而 DEA 对相对效率的评价则可以避免这个问题，通过对各城市、地区的智慧城市建设效率进行测量，就能够评价每个城市、地区建设的有效性，并进行相互比较，为智慧城市建设的决策者提供重要的管理决策信息。

第二，DEA 能够更加全面的包含智慧城市建设的内容，因为 DEA 是以中国多输入—多输出的有效性综合评价方法，多输入—多输出的特点正是 DEA 突出的优势，也是它引人注目的地方。DEA 以决策单元各输入输出的权重为变量，这个权重是从最有利于决策单元的角度进行设计，从而有效避免了一般有效性评价方法中，以各指标在优先意义为依据设置的权重。并且，DEA 方法还有一个特点，如果每个输入都和一个或多个输出关联，而且输出和输入之间确实存在某种关系，使用 DEA 方法则不必确定这种关系的显示表达。

城市是一个完整的生产系统，城市的建设则是一个复杂生产过程。智慧城市的建设和发展就是通过投入大量的生产要素，转化产生出一个供人类能够更加智慧、便捷、健康、安全、幸福的美满生活的地方。投入的每一个生产要素都对城市建设的其他方面产生影响，甚至一些所投入的生产要素经转化后的产出成果将会成为另一方面新的投入要素，每一项生产要素和产出成果间都有着千丝万缕的联系。而 DEA 的多输入—多输出的有效性综合评价，能够很好地对智慧城市建设这种多投入—多产出形式进行评价，化复杂为简单。

第三，DEA 最突出的优点是在使用中无须任何权重假设，每一个输入、输出的权重是由决策单元的实际数据分析得出的最优权重，不是根据评价者的主观认定的。由于 DEA 方法不需要预先估计参数，因此，排除了很多主观因素，具有很强的客观性，能够减少误差并简化计算，使许多实际应用问题得到了很好的解决。

不同的城市受其自身特定的经济、文化等因素的影响，在建设智慧城市时的侧重方面必然不同，其投入要素和产出成果也不完全相同，在建设过程中受主观因素的影响较大。因此，在对不同的城市进行智慧城市评价时所取得的数据必然差异较大。而 DEA 能够排除主观因素的影响，不受各城市优先指标和预估参数的干扰，保持最大程度的客观性，为智慧城市建设的决策者提供最为客观的评价结果。

5.5.4 基于 DEA 方法的智慧城市评价基本思路

数据包络分析是一种非参数统计分析方法，特别适用于相同类型具有

智慧城市的价值、风险和评价

多输入、多输出投入产出系统（称为决策单元，Decision Making Unit，简称DMU）的相对有效性评价（许晓东，2008）。

DEA方法是一种常见的数理统计分析方法，其基本思路是：首先，选定评价单位，将其定义为一个DMU，而多个DMU相互结合，共称为被评价群体；然后对DUM中的投入和产出做出统计，以二者之间的比率为标准做出综合分析，在此过程中，DUM中投入、产出部分各个指标的权重为变量，运用线性规划等相关计算手段进行相应数学运算，确定有效生产前沿面；最后，以各DMU与有效生产前沿面的距离为基准，从而判定各DMU的有效性，并且可以进一步运用投影的方法，对经判定后的非DEA有效或弱DEA有效的DMU进行分析，寻找其中的原因，并进一步探求解决的方法。DEA法操作简单有效，不需要对指标权重做出预先设定，从而避免了主观误判，使得测评结果真实可靠。

智慧城市投入产出DEA评价方法的主要步骤包括评价目标确定、决策单元选择、输入输出指标体系建立、模型建立与求解、综合评价分析等，具体流程见图5.2。

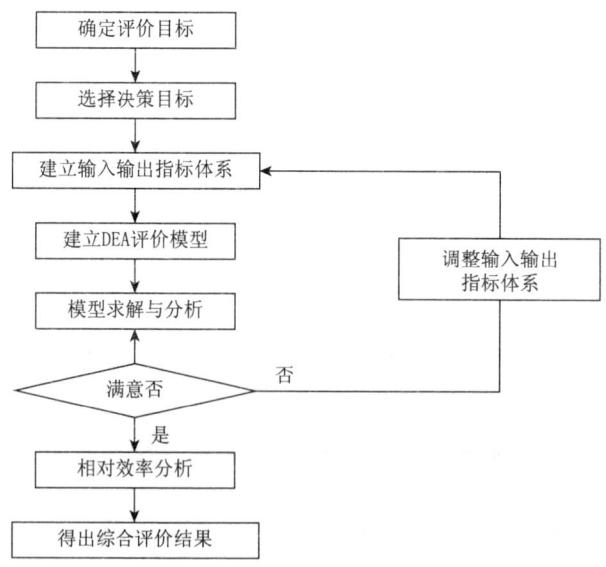

图5.2 智慧城市投入产出DEA评价方法的主要步骤

6 智慧城市投入产出评价指标体系

智慧城市子系统众多，层次结构错综复杂，关联关系纵横交错，是一个开放式的复杂巨系统。为了科学描述和定量评价智慧城市的发展状况，加强智慧城市建设决策管理，促进新一轮城市化的发展，需要建立一套设计合理、操作性较强的评价指标体系。本章目的是在评价作用和原则的分析基础上，通过对智慧城市建设投入、产出关键内容的分析研究，探寻评价路径，进而构建智慧城市建设的投入产出评价指标体系。

6.1 评价原则

目前，国内智慧城市的建设正在如火如荼地进行中，对于智慧城市评价也没有统一的认识和定论。IBM（2009）在其城市智慧程度评估白皮书中指出，在智慧城市战略规划制定阶段，评估城市的核心系统和活动是最根本的内容，并提出了评估应遵循的四项原则：量身定制、统一、全面和具有可比性。

通过对现有文献的分析，借鉴其可取之处，针对智慧城市的核心系统和活动，以及本文对"智慧城市"评价指标体系的构建思路，提出智慧城市评价指标体系的构建应遵循以下四项原则。

第一，全面性原则。全面性原则要求指标体系能够全面地反映、评价城市智慧化建设取得的效果，以及城市各个构成系统的智慧程度。这主要包含三个方面：首先，指标体系要能全面反映、评价城市引入智慧化方案后带来的绩效变化。其次，指标体系要能够对智慧城市作为"城市"这一基本属性，以及对智慧城市具有高度信息化水平这两个方面进行测量，即包含城市化水平的评价和城市信息化水平的评价。最后，指标体系要能全面的反映、测量城市运转，如经济生活、管理服务等各个方面的智慧程度。

第二，代表性原则。城市是由多个系统构成的，指标体系要能真实代表、反映各系统的实际情况。主要包含两个方面：首先，各项指标必须是该领域的代表性指标；其次，由多个独立指标构成的指标群要可较全面反映某领域的总体发展水平。

第三，可操作性原则。可操作性原则要求指标体系能够切实可用，在实际应用中能够采集数据，真实反映城市的"智慧"程度。具体包含四个方面：首先，各项指标要能够真实、科学的采集到相应的数据。其次，应以能够具体量化的指标为主，以少量定性描述的指标为辅。再者，各项指标在适用于不同城市时，应能相互比较，具有可比性。最后，各项指标要与测量标的相符，能真实反映测量标的状况。

第四，前瞻性原则。目前，国内的智慧城市建设刚起步，还没有真正意义上的智慧城市出现。因此，现有指标体系要能对未来可能出现的智慧城市进行评价，即具有前瞻性。主要包含三个方面：首先，指标体系要能够对未来城市的智慧程度进行测量，这是由我国智慧城市建设处于起步阶段这一现状决定的。其次，指标体系中应包含能够反映城市现状的静态指标，也要包含能够反映城市推进智慧化发展趋势的动态指标。最后，部分指标要具有一定的灵活性，能够根据实际进行调整。

6.2 投入要素评价指标体系

根据生产要素理论的发展可知，组织的发展离不开人力、物力和财力三个基本生产要素。因此，人力、物力、财力就构成了智慧城市建设的主要生产要素，在智慧城市的建设投入中具体表现为人力资本投入、基础设施建设和资金投入。

6.2.1 人力资本投入

安蒂思·潘罗斯（Penrose）于1959年出版的《企业增长理论》中提出，企业是一个管理组织，同时也是人力、物力资源的集合，企业内部的资源是企业成长的动力。潘罗斯进一步指出，组织要想获得长久的竞争力，必须从组织内部获得一些关键性的资源，这些资源应该是独有的、难以转移的，并具有较高的价值，拥有稀缺性和不可替代性。在此之后，这个理论推动了人力资源管理理论的发展，并上升到了战略管理的高度，成功与战略管理理论相结合。从此，不论是学术界还是在实践中，人们都意识到组织中的"人"具有重要战略意义。目前，对于人力资源的研究已取得大量成果，人力资本被认为对区域经济增长具有重要意义。有学者更是明确指出，城市发展与人力资本之间有显著关系，拥有受教育程度较高劳动力的城市经济增长速度较快（Shapiro J. M.，2011）。

（1）人力资本的内涵。

20世纪60年代，美国经济学家舒尔茨和贝克尔创立人力资本理论，开辟了关于人类生产能力的崭新思路。关于人力资本内涵的界定，现有的文献主要从内容和形成两个方面进行研究。

第一，在内容方面。从内容的角度进行人力资本研究的学者认为，人力资本的主要内涵就是劳动者所具有的知识、技能、健康和劳动能力等的总和。舒尔茨（Shuhz，1990）指出，人力资本可以视为一种资产，用以在未来给劳动者带来收入，它附着在劳动者身上，表现为劳动者所具有的知识、技能、经验等，是人的能力和素质总和；在能力和素质不变的前提下，人力资本可以用劳动者总人数和劳动时间总量来衡量。

第二，在形成方面。从形成的角度进行人力资本研究的学者认为，人力资本在形成过程中，劳动者所受到的教育、培训、卫生保健等起到主要作用，其中，教育发挥最重要的作用。贝克尔（Becker，1993）明确指出，人力资本是通过人力投资形成的资本。在人力投资方面，教育支出、保健支出、劳动力流动成本等是人力资本形成的主要影响因素。

20世纪90年代以来,国内许多学者根据国外研究成果结合中国实际情况开始研究人力资本问题并发表了许多专著和论文,其中,比较具有影响的是李建民的《人力资本通论》。李建民在对国内外人力资本研究进行总结分析的基础上,从个体和群体两个角度出发,界定了人力资本的内涵。另外也有学者提出,人力资本应该从质量和数量两个方面进行考察,劳动者的人力资本是质量和数量的结合、统一,人力资本的质量依附于人力资本数量而存在。一个区域中的人力资本总量,是这个区域中个体人力资本的加总之和,受到人力资本数量和质量的影响(张生太等,2003)。

通过对国内外人力资本理论的归纳总结可以发现,有关人力资本的形成和表现形式的观点主要分为两类:第一,广义上的人力资本定义,认为人力资本是劳动者所拥有的知识和技能,通过人力资本的数量和质量来表示,大多数人口学家持此类观点;第二,狭义上的人力资本定义,认为人力资本是通过一定的投资转化到劳动者身上的知识、技能等所具有劳动能力的资本,大多数经济学家持此类观点。

(2)人力资本的区域间流动。

20世纪80年代以来,人力资源领域的研究从微观层面逐渐转为宏观的战略层面,称为"战略性人力资源管理",其主要观点是将人力资源管理上升到组织绩效提升的战略层面,认为人力资源管理对组织绩效有着非常重要的影响。它以更加总体导向的方式,探讨人力资源管理与组织的互动关系,将人力资源管理与组织的战略目标相挂钩。因此,如何能够吸引人力资本成为人力资源管理的重要组成部分。人力资源既是一种经济资源,也是一种社会资源,是基于人口再生产和劳动能力再生产的社会资源和经济资源的统一体,流动性是他所具有的基本特性之一。

人具有理性,以追求利益最大化为基本目标,为了获取利益而进行区域流动,这就使得人力资本具有流动性。这种流动遵循资源流动的基本规律,是在市场经济条件下,人力资本作为一种资源实现优化配置的过程和表现形式(李广科,李录堂 2009)。新古典理论认为,在完全市场经济条件下,当人力资本质量相同、就业充分、运输费用为零时,不同区域间的人力资本价格不同即工资不同就成为人力资源流动的最重要因素。

理察森（H. W. Richardson）认为人力资本在区域间流动的主要动力是工资差别和聚集效应。西伯特（H. Siebert）在此基础上对人力资本区域间流动的决策问题进行了探讨，提出影响人力资本区域间流动决策的关键因素是工资预期。Liang 和 White（1996）指出，除了收入的差异外，还有其他因素对人力资本的流动同样产生较大影响，包括区位条件、产业结构现状以及政策等。

由上可以看出，收入、工资水平、生活成本、就业结构、提供的工作岗位、城市化水平、居住状况、文化设施、社会地位等是影响人力资本流动的主要因素，这些因素区域之间的差别越大，人力资本流动性也就越高。

（3）智慧城市建设的人力资本投入。

智慧城市注重推动城市的经济稳定和繁荣，发展社会生产力，为知识型人才提供大量的就业岗位和发展机遇。因此，智慧城市作为一个创新型的城市，必然是大量拥有高技术人力资源的聚集中心，应该充满了熟练劳动力，并且不断吸引着富有创造力的人才。因此，结合国内外学者关于人力资本、人力资源区域间流动、人力资源战略管理等方面的研究观点，智慧城市建设的人力资本投入评价应从人力资源规模、人力资源质量、人力资源政策环境吸引力三个方面入手。

人力资源规模，是指在智慧城市建设中，拥有高技术的人力资源总体人口数量。人力资源质量，是指在智慧城市建设中，高技术的人力资源所具备的才干、知识、技能和资历，即人的能力和素质。人力资源政策环境吸引力，是指在智慧城市建设中，城市的社会环境、政策环境等对高技术的人力资源的吸引力，相关指标体系见表6-1。

表 6-1　人力资本投入指标体系

一级指标	二级指标
人力资本投入	人力资源规模
	人力资源质量
	人力资源政策环境吸引力

6.2.2　基础设施建设

基础设施是指为社会生产和居民生活提供公共服务的物质工程设施，是用于保证国家或地区社会经济活动正常进行的公共服务系统。它是社会赖以生存发展的一般物质条件。在 IBM 公司提出智慧城市这一理念时，正是通过应用信息技术（IT）规划、设计、建造和运营城市基础设施，改善生活和经济福利，在此基础上对智慧城市进行定义（IBM，2009）。

关于智慧城市基础设施有很多讨论，大多集中于构成智慧城市的泛在网络、数据库、云计算中心等，主要观点有以下四类。

第一类，以信息通信技术（ICT）为基础的互联网、物联网、电信网等泛在网络组合为基础。吴胜武等（2010）等给智慧城市下的定义中明确指出，智慧城市的基础是新一代信息化的网络基础设施，包括互联网、物联网、无线宽带网等，城市的主要特征在技术上体现为智慧化的技术高度集成，在经济产业上体现为智慧化的产业高端发展，在社会民生上体现为智慧化的服务便民高效。还有学者指出，智慧城市的建设要首先着重于信息化的基础设施，将互联网覆盖于城市的各个角落，构成覆盖城市的信息共享网络体系（张永民，2011）。而 Bakici T（2012）在基于对巴塞罗那的智慧城市建设进行详细研究的基础上指出，在建设巴塞罗那的信息化基础设施时，光纤网络、WiFi 网络、传感器网络和公共无线网络是其中的关键。

第二类，以互联网和物联网为基础。持此类观点的学者较为注重强调互联网和物联网在智慧城市建设中所发挥的基础性作用。邓贤峰（2010）提出，物联网的建设是以无线通信网络和互联网为基础的，具有感知能力更加全面、信息传送更加可靠、数据处理更加智能的特点,在其设计的智慧城市评价体系中,基础设施领域的评价着重于测评互联网建设水平。秦洪花等(2010)认为,把各种感应器嵌入和装备到各种物体并不断数字化,通过城市中的监控摄像机、传感器、RFID 等互联形成"物联网",而后通过计算机将物联网整合起来。人和数据则与各种事物以宽带、无线和移动通信网络等不同方式嵌入网络,从而实现更全面的互联互通。以新一代信息技术为基础的物联网和互联网,二者相互交织融合,将城市运行的数据整合其中,共同构建智慧城市的基础设施。

巫细波和杨再高(2010)直接提出"智慧城市=互联网+物联网",认为由 RFID 标签、读卡器、红外感情器等装备传感器的物品组成的感知层,和由有线网络、互联网、无线网络等组成的网络层共同构成了智慧城市的基础。

第三类,以物联网、互联网和云计算平台为基础。持此类观点的学者通常强调用物联网和互联网所取得的数据,需要经过云计算中心等应用平台的处理,才能给予决策者以信息支持。有学者对此详细解释道,把传感器嵌入到电网、建筑、交通设施等物体中,从而使得具有物理特征的实体设施能够被传感器所感知,拓展了信息技术的辐射面,交织成为一张"传感网";在此基础上进一步运用有线通信技术和无线通信技术,连接起传感网和通信网,使得人们能更加有效地感知世界,简而言之就是使得人与物之间、物与物之间能够相互感知、交流,从而形成一张"物联网"。物联网信息通过互联网通信技术整合,再经超级计算机和"云计算"分析获取的所有数据,提供决策支持和行动方案,对数以亿计甚至更多的物体进行实时动态管理。并通过这一流程建立起智慧的社会管理模型(李德仁等,2010)。

陈柳钦(2011)对此做出了形象的比喻,以新一代信息技术为基础的网络设施,在城市中无处不在,构建成为智慧城市的基础设施,成为城市的神经系统,而传感器就是神经末梢,城市的每个"细胞"都被传感器、网络所连接,作为城市大脑的数据处理中心则以超级计算机、云计算中心等为基础，按照既定规划辅助人类建设美好生活。

第四类，注重互联网和物联网的基础性同时，强调数据库和云计算中心的重要性。持此类观点的学者和组织较多，他们在强调互联网和物联网是构建智慧城市基础的同时，也明确指出海量数据库的不可分割性。

IBM公司（2009）在对智慧城市做出规划时，对智慧城市的架构做出了详细规划，总结为更透彻的感知、更全面的互联互通、更深入的智能化三个方面。首先，更透彻的感知是指通过智慧城市建设，在整个城市中遍布智能传感器，有效地采集城市运行的各种数据，对城市中的建设、生活等重要方面实施有效监控、感知。其次，更全面的互联互通是指通过智慧城市建设，将由传感器等构建的感知网络通过互联网与各种先进设备相连接，整合至更庞大的系统当中，使得所得数据能反映出更有效的信息。最后，更深入的智能化是指通过智慧城市建设，在城市中构建以超级计算机和云计算中心为核心的信息处理中心，从而能够对通过感知网络而得的数据进行智能化的分析处理，为政府和相关部门的决策提供参考和依据。为了达到这种更全面的感知和更全面的互操作性，完善的城市基础设施网络是必不可少的；为了实现对所搜集数据的快速分析处理，各类信息资源数据库和信息系统就成为必不可少的环节。

有学者明确指出，智慧基础设施主要包括：海量数据库、新一代信息网络和云计算平台等。并详细解释道，海量数据库实现城市信息资源的大集中，是建设智慧城市最重要的基础工程；新一代信息网络是建设智慧城市的重要通信基础，必须构建"随时随地随需"的泛在化信息网络；云计算平台是智慧城市最重要的基础运作平台（钱志新，2011）。也有学者在设计智慧城市评价体系时强调，智慧城市基础设施建设应包含网络环境建设、数据库建设和云计算平台的建设（王理达等，2013）。

总结上述观点，本文认为由于智慧城市是新一轮信息技术变革和知识经济进一步发展的产物，供信息流通更加流畅的基础设施是其基本职责，为了保证城市信息从采集、传输到储存、处理的高效与可靠，由各种传感器所组成的物联网，由下一代新型互联网为代表的信息网，海量的数据库,以及下一代信息技术为基础的云计算中心共同构成了智慧基础设施的主要部分,相关指标体系见表6-2。

表6-2 基础设施建设投入指标体系

一级指标	二级指标
基础设施建设	感知网络建设水平
	宽带网络建设水平
	数据库建设水平
	其他信息化基础设施

6.2.3 资金投入

智慧城市作为城市发展的高级阶段,其建设的内容从基础设施再到社会经济产业包罗万象。IBM作为世界上致力于智慧城市建设的最主要企业,提出智慧城市模型下城市由组织(人),商业,政务,交通,通讯,水和能源六大核心系统组成。有学者对此进行了初步的归类,指出其中组织(人)的社会网络和商业网络属于"社会网络",前者是居民间的组织系统,后者是城市业务系统;运输、通讯、水和能源构成城市的基础设施(史璐,2011)。也有学者认为,智慧城市建设的基本思路和推进模式主要集中在基础设施、智慧产业、智慧服务和智慧人文四大领域(陈铭等,2011)。对于智慧城市建设的资金投资就发生在这方方面面的建设当中。

目前,有关智慧城市建设投资内容的讨论有很多,大多集中在基础设施、产业发展、智慧应用三个方面,主要观点包括以下三类。

第一,以互联网、物联网、云计算平台等为代表的基础设施建设投资。IBM指出,规划、设计、建造和运营应用了信息技术(IT)的基础设施是智慧城市的关键。美国学者Caragliu A等(2011)也认为,对智慧城市建设进行投资的关键领域之一就是现代的通信基础设施。在未来的城市中,新一代信息技术、物联网、互联网等成为城市建设的基础,使城市能够被更全面的感知、互联互通,打通城市之中物理、信息、社会、商业基础设施之间的壁垒，共同构成新一代智慧化的基础设施（李重照和刘淑华，2011）。钱志新（2011）更是明确说道，智慧基础设施的建设主要包括：海量数据库、新一代信息网络和云计算平台等的建设。因此，美国加利福尼亚州发布的《智慧社区建设指南》（2001）中提出，政府以提供公共产品为己任，将以提供嵌入信息技术的基础设施为主要工作方向。同样，日本在其提出的U-Japan战略中也明确提出，建设泛在社会网络的基础设施，实现从有线到无线、从网络到终端、包括认证、数据交换在内的无缝链接泛在网络环境。

第二，以信息产业为代表的高新技术产业建设，以及传统产业的信息化改造投资。"在工业生产领域中广泛应用信息技术，使信息技术的进步能够有效推动经济发展，提高信息技术在经济发展中的贡献率，从而改变经济结构、促进经济增长方式的转变，优化产业结构，提升知识密集型、技术密集型产业在产业结构中的比例，使得经济发展更具智慧"，是IBM描绘的美好蓝图。而学者们的解释更加透彻，史璐（2011）指出，一方面通过对传感器、物联网、超级计算机、数据处理等这些高科技资本密集产业的投资建设，以及政策的引导和扶持，使其成为经济的增长点和产业升级的引擎；另一方面，对传统的城市系统加大升级改造投入，提升经济发展质量，达到高效、低耗、可持续发展的目标。Leydesdorff L. 和 Deakin M.（2011）进一步指出，在市场的引导、政府的鼓励下，企业在新信息技术的研发和采用上投入资金，在获得利润的同时，也实现了智慧城市创新的目的。张向阳和袁泽沛（2013）则针对广州的具体情况提出，通过信息产业的投资建设和对传统产业的信息化改造，促使智慧产业融合发展。而在实践中，对于信息产业等高新技术产业的巨额投资，以期拉动经济增长的做法更加普遍。韩国在其智慧城市建设计划U-City中做出了U-IT的规划，计划投入巨额资金加速新兴科技产业的增长以及新技术的应用，从而产生经济火车头的效应。我国南京、武汉等城市在其智慧城市建设规划中，也同样注重对信息产业等高新技术产业的投资和扶持。

第三，以智慧政务、指挥交通、智慧医疗等为代表的智慧应用建设。

IBM 的智慧城市理念就是在城市发展过程中,通过信息通信技术(ICT)在公用事业、城市服务、产业发展等方面的应用,产生各种智慧平台,从而创造一个更好的生活、工作、休息和娱乐的环境。学者们也均对此持赞同观点,Alawadhi S. 等(2012)人的观点较为具有代表性,他们认为智慧城市的建设就是通过投入各种资源,利用信息技术建设产生各种应用平台,最终达到促进城市可持续发展,为居民带来巨大便利、满足其需求的战略目标。IBM 在对智慧城市解决方案中认为智慧城市的应用应与城市所面临的困境相结合,因此,提出了智慧城市的建设应包括智慧交通、智慧公共事业、智慧水资源、智慧建筑、智慧公共安全、智慧管理和城市智慧中心这六大应用体系。学者们对于智慧城市中的智慧应用平台看法也大同小异,有学者认为智慧城市的应用系统可以覆盖城市经济、社会和管理的方方面面,主要有智慧交通、智慧电网、智慧医院等十大领域(钱志新,2011),也有学者认为智慧城市的主要应用系统主要有十个方面,但在具体内容上与前者略有差异(李贤毅和邓晓宇,2011)。还有研究机构认为智慧应用主要有八个方面(上海浦东智慧城市发展研究院,2012)。

《不列颠百科全书》中对城市发展与规划所做出的描述是,城市规划与建设的目的,不仅仅在于安排好城市形体——城市中的建筑、街道、公园、公用事业及其他的各种要求,而且更重要的在于实现社会与经济目标。据此我们可以认为,城市建设的基本内容就是进行能源、交通、通讯、信息网络等基础设施建设,实现产业的发展以促进经济的增长,并创造良好的生活条件,最终实现经济效益、社会效益的共赢。因此,具体到智慧城市建设投资的内容上,结合不同学者和研究机构的观点,我们认为对智慧城市建设的资金投资将主要用于建设高质量的信息化基础设施,高新技术产业的投资建设和传统产业的信息化改造,以及与城市核心系统息息相关的智慧应用平台建设,相关指标体系见表 6-3。

表 6-3　资金投入指标体系

一级指标	二级指标
资金投入	基础设施建设资金投入
	产业发展资金投入
	智慧应用建设资金投入

6.3　产出成果评价指标体系

从生产系统的角度来看，根据智慧城市的投入产出模型，智慧城市的建设过程就是投入人力、财力、物力等生产要素，生产建设各种应用平台，最终实现智慧城市战略目标的整个过程。IBM 公司和其他很多学者都有着类似的描述，智慧城市的建设通过对新一代信息技术的大规模应用，对政府治理、民众生活、经济发展、自然环境产生重大影响，最终达到经济且高效地满足民众的物质和精神需求，增强民众的幸福感（Alawadhi，2012）。因此，智慧城市建设的产出成果就是高度信息化的各种应用平台、优化的产业结构和经济发展，以及高度的人文素养，即智慧的政府治理、智慧的社会经济、智慧的居民生活、智慧的人文素养等。

6.3.1　智慧政府

IBM 在提出智慧城市理念时，着重讲到了信息技术的应用将对政府工作有极大的帮助，通过更透彻的感应和度量能够获取大量的数据，并通过互联互通更深入地智能洞察整个城市，最终能够发展、描绘、执行、监督和完善其政策。

（1）智慧政府的内涵。

对于智慧政府的内涵，IBM 以及不同学者之间有着较高的共识，都认为智慧政府的核心就是电子政务，它是电子政务发展的高级阶段。IBM 在对智慧政府进行解释时说道，通过新一代信息技术的运用，将政府各个部门的协同办公平台、政务公开服务平台、云计算公共服务平台等整合、协同，使得政府在城市公共管理和服务中能够更加高效便捷，为市民、企业提供一站式服务，同时降低政府运行成本。不同的学者和研究机构对此的描述也基本相同。赵玎和陈贵梧（2013）认为，智慧政务并非是一种全新的政务形式，而是电子政务发展到一定程度以后的高级阶段。Paskaleva（2009）也明确指出，智慧的政府管理关键是电子政务，通过电子政府对政府管理流程的再造，促进公民进入智慧城市生活的愿景，保持决策和施政过程的透明。上海社会科学院信息研究所在对上海市建设智慧政府的战略思路设计时也讲到，从本质上来看，智慧政府是电子政府的提升和自然演进，是与网上政府、虚拟政府、电子政府一脉相承的现代公共行政理念，是电子政务发展的新阶段。基于此，我们认为对智慧政府评价的核心，就是在新一代信息技术应用的背景下对其电子政务建设状况的评估。

（2）电子政务评价。

区域内的电子政务发展水平，可以视为该区域内电子政务各个子系统效果的总和，因此，对电子政务整体发展水平的评价同样对整个系统有着重要意义。国际上对电子政务整体发展水平评价的研究开展的较早，目前已经形成了几个非常成熟的框架和体系。

第一，联合国评价体系。联合国公共经济与公共行政署（UNDPEPA）与美国行政学会（ASAP）合作于2002年提出了一套以"电子政务准备度"（E-Government Readiness）为核心的评估方法，并根据该指标体系把电子政务的发展过程分为如下五个阶段：第一，起步层次，正式建立政府网站，但功能限于网上发布各种静态信息；第二，提升层次，更加看重网站内容的实效性和专业性；第三，交互层次，增加公众与政府双方互动的功能；第四，政务处理层次，增设了功能强大且相对安全的网上政务处理功能；第五，无缝嵌合层次，具备即时提供所有服务的能力，社会资源得到无缝隙整合。

第二，埃森哲（Accenture）咨询公司评价体系。埃森哲公司热衷于对世界发达国家和地区的电子政务发展水平进行测评，自2000年起，该公司每年都会发布一份评估报告，对比这些国家间的电子政务水平。该公司所建立的评价体系采用了电子政务总体成熟度的概念，包括服务成熟度和交付成熟度两个方面。其中，服务成熟度又可以分为服务成熟广度和服务成熟深度，前者指政府网络提供公共服务所占公共服务总量的比例；后者是指政府网上所提供的服务所达到水准。交付成熟度用以衡量政府服务交付的完善程度。

第三，其他国际上运用较多的评价体系。著名咨询公司Gartner所提出的评价体系从"电子政务应该注重效率而不是单纯的政务电子化过程"的认识出发，对现有的电子政务评价方法进行总结，吸收多种方法的长处，并进一步融入了绩效评价和政治回报两个方面的内容。罗格斯大学纽华克分校与韩国成均馆大学通过对世界各国政府网站的统计研究，分别在2003年和2005年两次发布《全球市级城市的数字化治理——全球市级政府网站的评估》，从安全与隐私、可用性、网站内容、服务、公众参与五个方面进行考察。

我国的电子政务建设和评价研究与发达国家相比仍存在一定差距，而随着我国互联网扩散水平的提升，各地政府正逐渐整合各自的门户网站功能。基于此，一些公司、大学以及网络实验室纷纷拿出自己的电子政务有效性评价报告。

第一，计世资讯的评价体系。计世资讯从2002年起就对我国省、市、政府部门等各级政府的门户网站进行持续关注并测评对比，并以第三人的视角求得公正客观。其评价体系包括网站内容服务和建设质量、网上办公、网上办公等内容。

第二，赛迪的评价体系。赛迪公司自2002年起接受中国政府的委托，与中国信息化绩效评估中心合作对全国政府网站进行测评。评估重点主要集中在政务公开、公共服务水平交付以及公共参与等方面，评估目的主要是促进电子政务的发展和政务工开。

第三，IT Gov中国IT治理研究中心的评价体系。IT Gov中国IT治理研究中心也对中国的电子政务发展进行了评价，并构建了一套多指标的评价体系。认为在电子政务的构成层次上，主要包括电子政务项目绩效、系统绩效、综合绩效、发展水平四个层次。

第四，国内其他评价研究。国内学者对有关电子政务评价研究的成果较多，大多选择从政府网站建设状况、政府网上办公能力、政府与公民和企业的网上互动情况等方面进行评估。也有学者从评估范畴、评估对象和评估内容的角度对电子政务的绩效进行评价研究。还有的学者从技术层面，注重电子政务的可持续性、保密程度等方面的评价。总的来说，国内对电子政务有效性的评价大都集中于对政府门户网站的评价上。

总结国内外有关电子政务评价的研究及相关标准，可以发现从政府服务角度，以政府网站为评价对象，具体评价政府网站建设现状、网站服务质量和功能完备程度的研究较多。在评价指标体系的构建上，大多从基础性建设出发，以服务效果为中心，以实现整合为最高阶段。

电子政务是智慧政府的核心，智慧政府是电子政务的高级发展阶段，这在现有研究中已成为基本共识。因此，我们认为对智慧政府的评价核心，应该是对电子政务发展状况的评估。结合目前国内外有关电子政务评价的研究及相关标准，我们认为政府基本的网上办公能力、必备的网上社会管理服务能力，以及与社会公众的网络交互能力既是电子政务的核心内容，也是智慧政府的主要发展方向，相关指标体系见表6-4。

表6-4 智慧政府指标体系

一级指标	二级指标
智慧政府	网上办公
	社会管理服务
	公众参与

6.3.2 智慧经济发展

IBM商业价值研究院为中国量身打造的智慧城市战略中明确提出，以智慧城市支持中国城市经济转型和持续发展。并且进一步解释道，目前，中国城市在不断地调整产业结构以实现既定经济转型的目标和解决面临的挑战，而智慧城市战略的实施将通过兴建智慧产业园以实现产业规模效应，帮助推动城市产业结构的转型，提升持续发展水平。由此可以看出，IBM 的智慧城市战略能够通过信息技术的发展和应用，推动相关产业的发展以及产业结构的优化，从而提升城市经济发展水平。因此，结合相关经济学理论，我们认为由智慧城市建设而促生的智慧经济的内涵就主要包含了以下三个方面。

第一，产业结构的优化，以信息产业为代表的高新技术产业成为经济发展的引擎，传统产业通过信息化改造重新获得发展动力。经济成长阶段论从时间进展来分析经济成长的理论，是经济发展的历史模型，由美国经济学家罗斯托于 1960 年在《经济成长的阶段》一书中提出，也称作"罗斯托模型"或罗斯托起飞模型。罗斯托认为，人类社会经济发展共六个阶段：传统社会阶段、准备起飞阶段、起飞阶段、成熟阶段、高额群众消费阶段、追求生活质量阶段。成熟阶段是其中的第四个阶段，在这个阶段中，现代化技术已经广泛应用于社会中的工业生产当中，此时国家的工业生产部门众多，产品多样，大量产品用于出口，产品附加值不断提高，资本逐渐从劳动密集型产业向资本密集型产业流动，经济增长的动力逐步转向技术创新。西方主要发达国家早已进入这个阶段，主流经济学家普遍认为中国目前也已经进入了这一发展阶段。根据经济成长阶段论的描述，已进入成熟阶段的中国在其智慧城市发展战略中，由于新一代信息技术的发展和大规模应用，将促使产业投资的重点从劳动密集型产业转向了资本密集型产业，经济增长极也将逐步转变为技术创新极。因此，以信息产业为代表的资本密集型高新技术产业将成为城市经济的新增长点和产业升级的引擎。

智慧城市的建设基础是基于新一代信息技术的互联网和物联网，特别是物联网、云计算等新技术的应用，将创造巨大的市场需求，与信息产业相关的传感器、超级计算机、数据处理等高科技资本密集产业将得到极大拉动，并逐步成为主导产业，这已成为学界的共识。主导产业及其扩散理论是由美国学者罗斯托所提出的，该理论认为一个社会的经济发展过程中，不论是成熟的经济体系，还是发展中的经济体系，无论何时，经济的增长是由少数主导部门扩大所推动的，在产业部门中，这种扩大现象表现为主导产业的扩散效应。同时，产业结构演变理论中提到，在新的产业链尚未形成之时，技术升级和产业链的延伸将表现为另一种形式，即通过产业升级对传统产业改造，以提升其质量。因此，在市场经济体制下，企业为了保持竞争力，会主动选择利用新技术对传统产业进行改造，而用高新技术产业改造传统产业，可以催生出一些新的产业形态，使传统产业重获生机。

第二，知识经济将成为城市经济发展的动力源泉，企业家精神、创新精神和创新能力将决定企业的未来。智慧城市发展引起的社会重大转型涉及政府、大学、技术中心、住宅、信息传播模式、企业家等，这使得各主体间相互交织成网并相互影响、合作，最终知识经济在这相互交织的网络中产生（Bakici T.，2013）。1986 年，经济学家罗默（Romer）在其著作《收益增长和长期增长》中提出了一个新的经济模型，并随着研究的深入逐渐发展成了内生经济增长理论。罗默认为，知识是由一般知识和专业知识构成的，前者对经济的影响具有外部性，能够使所有企业普遍获益；而后者对经济的影响具有内部性，只会给拥有它的企业来带收益，从而使这些企业产生了研究与开发的内在动力。因此，知识作为一种内生的独立因素不仅可以使知识本身产生递增收益，而且使资本、劳动等其他投入要素的收益递增。

智慧城市的主要目的之一就是促进创新（Bakici T.，2013），创造力被公认为智慧城市的关键驱动因素。技术创新是由一定的主体实施完成的，这些主体就是创新主体，在实践中通常表现为企业家或起企业家作用的组织或机构。创新主体的创新动力来自两个方面：一是"理性人"的本质促使其对利益的渴望和追求；二是出于某种特别的精神追求，如求知欲、理性精神、企业家精神等。奥地利经济学家约瑟夫·熊彼特指出，企业家是技术创新活动的人格化，他们趋利避害，对技术的进步发挥着不可替代的作用，企业家群体的存在，是促进创新发展、推动社会进步的先决条件。在智慧城市的建设发展战略中，市场的引导和政府的鼓励将促使企业在新信息技术的研发和采用上投入资金，在获得利润的同时，也实现了智慧城市创新的目的，为智慧城市的建设提供了物质基础和技术储备。

第三，城市经济实力将得到增强，经济竞争力得到显著提升。奥地利经济学家约瑟夫·熊彼特（Joseph A. Schumpeter）在其著作《经济发展理论》首次系统的提出了技术创新理论，认为"创新"就是建立一种新的生产函数，是对生产要素和生产条件进行的结合。该理论引入生产体系后，包含五项内容：制造新的产品，采用新的生产方法，开辟新的市场，获得新的供应商、获得原材料或半成品的新的供应来源，形成新的组织形式创造或者打破原有垄断的新组织形式。技术创新理论虽然开辟了一个新的研究领域，但同时期的"凯恩斯革命"更加受到青睐，使得其在很长一段时间内并未受到应有的重视。20 世纪 50 年代之后，西方许多国家的经济发展取得了 20 年的惊人成绩，这个现象早就超出了传统经济学理论的范畴，直接促使学者们从技术进步与经济增长间的关系中寻找答案，技术创新理论由此进入了春天。以索洛（R. Solow）等人为代表的技术创新的新古典学派认为，经济增长率的关键影响因素包括资本和劳动的增长率、资本和劳动的产出弹性、技术创新，并认为技术水平的提高会带来经济增长的"水平效应"。熊彼特开创的技术创新理论，首次将"创新"作为经济增长的基础，揭示了现代经济的一般特征及其发展的社会推动力，指明了技术创新对经济发展的重要意义，具有重大的理论、政策启迪意义和深远的历史性影响。

智慧城市不仅是创造财富的地方，更是创新的中心（Leydesdorff L. &Deakin M.，2011）。智慧城市中的技术创新、制度创新都将推动城市的经济发展，提升城市经济质量，增强城市经济竞争力，达到高效、低耗可持续发展的目标。

通过利用经济学原理，分析总结智慧经济的主要内涵，就可以针对其所包含的主要方面入手展开评价工作。另外，智慧城市建设的基本内容就是信息技术的应用，产业机构优化升级的基本途径也是企业对信息化的应用，所以在对智慧经济评价中同样也不能忽视企业的信息化应用能力。因此，我们认为城市的整体经济实力、智慧产业的发展水平、企业的信息化应用能力，以及研发与创新能力是智慧经济评价的主要内容，相关指标体系见表6-5。

表6-5　智慧经济发展指标体系

一级指标	二级指标
智慧经济发展	城市经济实力
	智慧产业发展水平
	企业信息化应用水平
	研发能力与创新精神

6.3.3　智慧生活

智慧城市在城市和社区中广泛应用电子和数字技术，将会改变一个地区居民的生活和工作（Komninos N.，2002）。经济且高效的满足公民需求是智慧城市最重要的目标（Cimmino A. et al.，2013）。

IBM对智慧城市的核心做出规划的依据，是基于对全球包括发达国家和发展中国家在内的230多位城市市长的调查，总结出他们最关心的城市子系统，包括交通、医疗、水资源管理、能源与公共事业、公共服务与教育，以及公共安全，并相应提出了关系到城市主要功能的六个核心系统：组织（人）、商业、政务、交通、通讯、水和能源。这六个核心系统还可以进一步归类，分为社会网络和基础设施两个方面，其中，社会网络包括人的社会网络和政府对商业管制，前者是人与人之间的组织系统，后者是城市业务系统（政府政务和商务）；基础设施包括运输、通讯、水和能源构，前两个有关于人类活动，后两个有关于获取环境资源（史璐，2011）。由此，我们可以认为，智慧的生活就是通过应用信息技术（IT）在城市建设、管理、服务中的应用，产生与民众日常生活联系较为紧密的信息化应用平台，提升民众生活质量。对于智慧生活的内容，不同的学者和研究机构所描述的也不尽相同,在实践中也存在差别。

第一,在智慧城市的论述研究中,大部分学者和研究机构对智慧生活的看法都大同小异。IBM（2010）将智慧的城市模型分为品质生活和商业发展两大类,在品质生活类智慧城市模型中,包含了三种城市发展模式:精心规划的城市、健康安全的城市、可持续生态模式。这三种城市模式的发展侧重点不同,精心规划的城市更加注重打造优雅的城市环境,对城市设计提出较高要求,对能源和水资源的管理格外重视,并致力于建设高效的交通体系;健康安全的城市更加注重对居民健康和安全的保护,致力于打造高效的医疗体系、公共安全体系、食品安全体系等;可持续生态城市更加注重对城市生态环境的保护,致力于提高能源利用率,建立污染防控、治理体系,使城市的环境更加干净、环保。也有人认为,智慧城市的建设应致力于打造与民众生活联系紧密的智慧应用平台,包括智慧的医疗、智慧的交通、智慧的安全、智慧的教育、智慧食品、智慧社区等（李重照和刘淑华,2011;巫细波和杨再高,2010;史璐,2011;钱志新,2011）。

第二,在智慧城市的评价研究中,各学者和研究机构对智慧生活的评价也均有涉及,但内容略有差异。欧洲智慧城市组织在对欧洲的智慧城市建设进行评估时设计了一套"智慧城市"评价体系,由智慧经济、智慧移动、智慧环境、智慧民众、智慧生活和智慧管理六个方面组成。其中的智慧生活包括文化设施、健康条件、个人安全、住房质量、教育设施、旅游吸引力、社会凝聚力七个方面。上海浦东智慧城市发展研究院（2011）发布的智慧城市评价指标体系中,虽没有明确的智慧生活评价,但其中仍有相当一部分内容涉及民众的生活,主要包括智慧化的交通管理、智慧化的医疗体系、智慧化的环保网络、智慧化的能源管理、智慧化的城市安全、智慧化的教育体系、智慧化的社区管理。李贤毅和邓晓宇（2011）的在智慧城市评价研究时,对智慧应用的评价中涉及民众日常生活的包括智慧交通、智慧物流、智慧能源、智慧建筑、智慧环保、智慧旅游、智慧医疗、智慧教育、智慧家庭。王理达等（2013）的智慧城市评价研究中包含了对个人服务的评价,主要包括教育服务、社保服务、就业服务、医疗服务、住房服务、交通服务、智慧旅游、智慧家居。

第三,在智慧城市的建设实践中,各城市均对民众生活品质的提升甚是关心,但建设重点也存在差异。欧洲的巴塞罗那建设智慧城市的四个主题就是智慧政务、智慧经济、智慧生活和智慧人,其中的智慧生活就是从文化、健康、安全、住房、教育、旅游等方面入手(Bakici T., 2013)。南京市的智慧城市建设计划中,与民众联系较紧密的包括文化教育、医药卫生、城市交通、环境监控、居家生活等。宁波市建设智慧城市的具体计划中,就包含了构建智慧能源应用体系、构建智慧交通体系、构建智慧健康保障体系、构建智慧安居服务体系等与民众生活联系紧密的项目。

通过对不同学者和研究机构的相关研究进行总结,以及结合现实中智慧城市建设的实践,可以发现智慧生活就是在智慧城市的建设发展中,通过应用信息技术(IT)规划、设计、建造和运营城市基础设施,提供各种流程、系统和产品,从而改善城市居民的生活质量和经济福利,促进城市可持续发展(IBM, 2010)。因此,总结现有研究和实践,选择与民众日常生活联系较为紧密的部分,我们认为对智慧生活的评价应主要从智慧教育、智慧医疗、智慧交通、智慧能源、智慧社区、智慧环境六个方面进行,相关指标体系见表6-6。

表6-6 智慧生活指标体系

一级指标	二级指标
智慧生活	智慧教育
	智慧医疗
	智慧交通
	智慧能源
	智慧社区
	智慧环境

6.3.4 智慧人文素养

智慧城市的固有特性决定了高素质人才的不断聚集，在与市民、企业和城市的相互交织中创造出一个知识型的社会。Bakici T. 等（2013）指出，智慧经济令企业、人才和普通市民能够相互影响、合作，最终知识经济在这相互交织的网络中产生，实现经济的可持续发展。

知识经济是人类经济社会发展到高级形态时的一种表现形式，主要表现为以运用知识精华和高科技来推动经济发展的经济形态。在知识经济体系中，知识、智力、技术、文化等因素成为经济发展的重要影响因素，并作为生产要素进入到经济运用之中，成为经济发动机的有机组成部分。因此，在知识经济体系中，人才作为知识、智力和技术的载体，就必然需要更高的知识素养。

知识经济以知识、智力、技术和文化作为重要的经济结构要素，其运行模式必然不同于传统的生产、经营模式，而是一种以知识为核心，体现出浓厚的人文科学色彩的全新管理模式（王东莉，2002）。因此，在知识经济的时代，科技人才的人文素养将对其在社会经济中的活动产生重要影响，人文素养的重要性越发突显。在对智慧城市的研究中许多学者和研究机构都有论及，在建设实践中也是大部分城市不可忽视的一环。

第一，在智慧城市的论述研究中，大部分学者和研究机构均认为智慧城市必然要求人文素养的提升。IBM 的智慧城市理念中提到，一个城市要变为智慧的城市，需要人们根本性的观念转变，吸引并保留高科技工作者的城市可提升城市发展水准，使城市成为适合高科技人口理想的居住地，成为文化和传统的中心，是一个整合了文化与活动的城市，绿色、环保和人文理念的城市。智慧城市不应只是市场经济下的财富创造中心，更应该是信息交流、政治和文化创新中心，当前由智慧城市建设而兴起的城市再造运动无法脱离自下而上的文化再造（Leydesdorff L. &Deakin M.，2011）。Berry C. R. 和 Glaeser E. L.（2006）就指出，智慧城市要注重城市的人文和教育环境建设。上海社会科学院信息研究所的专家们指出，智慧城市的建设并不止于技术，更重要的是贯穿其中的思想，尤其是背后隐含的人文内涵。从社会领域而言，建设智慧城市，也是一个更新理念与创新体制的进程。

第二，在智慧城市的评价研究中，各学者和研究机构对智慧城市的人文素养评价也多有涉及。欧洲智慧城市组织设计的智慧城市评价体系中，包含了智慧民众专门对民众的文化素养进行评估，其中包括公众素质、终身学习的意识、社会与种族的多元性、灵活性和创造性、思维开放性、公共生活的参与度等。上海浦东智慧城市发展研究院（2011）发布的智慧城市评价指标体系中，从市民收入水平、市民文化科学素养、市民信息化宣传培训水平、市民生活网络化水平等方面对智慧城市人文科学素养进行评价。邓贤峰（2010）所提出的智慧城市评价体系中包含了城市智慧人文评价指标体系，对信息化水平总指数等五个方面进行评估。

第三，在智慧城市的建设实践中，各城市均注重信息技术在民众中的应用，从而提升民众和整个城市的人文素养。巴塞罗那建设智慧城市的过程中，将智慧人作为其中一个重要的主题，促进信息技术在民众中的应用（Bakici T.，2013）。日本的U-Japan战略核心中包含了"教育人才"这一主要方面，并提出使国民能够随时随地享受一站式的电子服务。韩国的U-Korea计划明确提出，信息技术与信息服务的发展不仅要满足产业和经济的增长，而且在国民生活中将为生活文化带来革命性的进步。宁波市在智慧城市建设中，明确计划整合文化信息资源，构建智慧文化服务体系。王世伟（2011）指出，智慧城市的本质特征是惠民，即以人为本，数字惠民是智慧城市建设的重要环节，让民众都能运用信息技术，享受信息技术带来的便捷和幸福生活。联合国、欧盟也都大力倡导"电子包容"的理念，即信息化服务应致力于弥合"数字鸿沟"，使所有群体都能从信息技术中获益。

通过对不同学者和研究机构的相关研究进行总结，以及结合现实中智慧城市建设的实践，可以发现智慧城市的建设应惠及全体民众，通过先进的数字技术将城市赋予智能性，通过教育培育人的创造力和智慧，通过文化陶冶人的情操,进而提升百姓生活的安全感和幸福感(许庆瑞等,2012)。因此,总结现有研究和实践,我们认为对智慧城市中人文素养的评价,应从民众的信息技术应用水平入手,评估民众的科学文化素养,并对民众的幸福感等主观感受进行统计总结,相关指标体系见表6-7。

表6-7 智慧人文素养指标体系

一级指标	二级指标
智慧人文素养	市民科学文化素养
	市民生活信息化水平
	市民智慧生活感知

7 智慧城市评价模型

智慧城市的投入产出评价涉及智慧城市建设的方方面面，需要由多指标共同反映城市建设的全貌，属于复杂系统的多指标综合评价。首先，要在合理的评价准则指导下建立完整的指标体系，能够全面且真实地反映投入要素和产出成果间的关系和协调性；其次，要根据智慧城市的内在特征，针对其固有特性，系统构建合适的评价模型，从而甄别智慧城市建设过程中影响投入产出的关键因素，揭示二者之间的内在逻辑关系。

如前文所述，国内外学者对于智慧城市建设的评价有着大量研究，但基于智慧城市建设中的投入产出有效性的定量评价研究鲜见。并且智慧城市作为一种新的城市发展形态，目前缺乏一个公认的样板城市，因此，受制于城市经济、建设等发展的不均衡，仅从建设成果上对智慧城市进行评估，对于高密度开发模式下的大多数中国城市显然是不适宜的，在一定程度上降低了评价的可靠性。

复杂系统的多指标综合评价，一直是国内外学者研究的热点之一，先后产生了价值函数法、层次分析法、模糊综合评价法和数据包络分析方法等。DEA方法作为其中的一种，在进行复杂系统的多指标综合评价时，具有相较于传统评价模式不可替代的优势：首先，无须预定指标权重，避免主观臆动性；其次，可识别关键影响因素，寻找决策单元无效原因，从而加以改进

因此，本文基于我国智慧城市建设普遍进行的特征，构建智慧城市评价的投入产出指标体系，采用DEA方法构建用于智慧城市评价的数据包络法分析模型。

7.1 智慧城市投入产出系统的输入输出关系

如前文所述,城市的建设与投入的各种资源之间存在深刻的互动关系,特定的城市发展模式需要相应的投入资源支持。因此,智慧城市建设中投入的各项资源与建设所产生的新兴城市形态可看作一种输入输出的投入产出系统,见图 7.1。将智慧城市建设中的人力、物力、财力投入作为系统输入,建设产生的智慧应用平台、智慧经济发展、民众生活和精神需求的满足作为系统输出,系统的投入产出有效性即为智慧城市建设的有效程度。

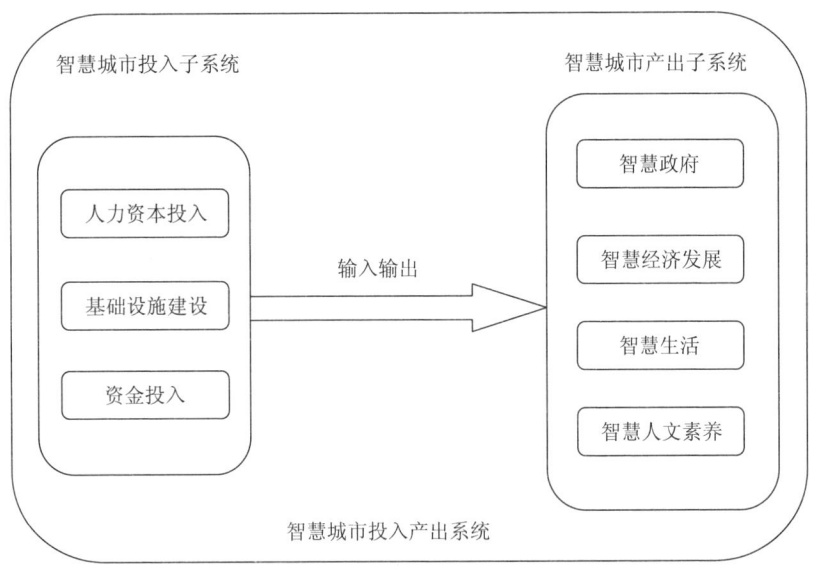

图 7.1 智慧城市投入产出系统的输入输出关系

7.2 决策单元选择

在进行 DEA 评价前要先选择决策单元,也就是确定评价对象集,在这个过程中要遵循两个基本原则：第一，待评价的对象集，即 DMU 要具有同类性，也就是说 DMU 之间的目标要相同、任务要相同、外部环境要相同、输入输出指标要相同；第二，为了保证 DUM 的同类性，其数量不宜过少，以输入输出指标总数 2 倍或以上为佳。

根据智慧城市的特性，在对智慧城市进行投入产出评价研究时，DUM 的选取方式有以下三种：

第一，纵向比较。选取同一区域的不同时期作为 DMU，通过 DEA 评价可以考察某地区在智慧城市建设过程中，资源投入与效果产出之间有效性的发展趋势。

第二，横向比较。选取同一时期的不同区域作为 DMU，通过 DEA 评价可以考察不同区域在智慧城市建设过程中，资源投入与效果产出之间有效性的相较高低；

第三，纵向横向综合比较。选取不同区域的不同时期作为 DMU，通过 DEA 评价可以考察不同区域在智慧城市建设过程中，资源投入与效果产出之间有效性的发展趋势。

7.3 输入输出指标确定

输入输出指标的确定应遵循以下原则：能全面反映评价目的及内容；避免输入或输出指标集内部指标间的强线性关系；保证指标的多样性、可获得性与可度量性。

鉴于投入产出模型是评价我国智慧城市建设有效性的可行途径，输入输出指标的确定在遵循上述原则的基础上，应能充分反映出在投入和产出各方面的实施程度，即城市建设的各项资源投入是否有效地支持了智慧城市的建设，以及城市建成平台是否有效体现了智慧城市的内涵与特征。

因此，遵循上述原则，并结合前文研究，从现有智慧城市评价研究、城市信息化评价研究和城市化评价研究中提取评价指标。本文确定智慧城市投入产出的 DEA 评价指标如下。

7.3.1 投入要素评价指标

事物的发展离不开必要的投入要素，最基本的投入要素就是人力、物力、财力。在智慧城市的建设投入中，投入要素一般表现为人力资本投入、基础设施建设和资金投入。

（1）人力资本投入。

人力资本投入指标反映了智慧城市建设中，劳动力的总量、能力、素质、工作时间、劳动能力等的总和。在智慧城市建设中，人力资本投入可以分为人力资源规模、人力资源质量和人力资源政策环境吸引力三个方面，具体内容包括就业人口总数、万人在校大学生数、大专及以上学历人数占所有就业人数比、单位从业人员平均工资、国家重点实验室数量等17项指标，见表7-1。

表7-1 人力资本投入指标汇总

主题	具体指标	单位	指标说明
人力资源规模	就业人口	万人	通过考察城市中的就业人口总量，衡量城市一个时期内全部劳动力资源的实际利用情况
	万人在校大学生数	人	通过考察城市中每万人所拥有的在校大学生数量，衡量城市的教育水平、人力资本潜力
	工业企业中R&D人员比例	%	通过考察城市企业中从事R&D工作员工所占企业员工总数的比例，衡量城市企业中从事科技研发的人力资本规模
	信息类从业人数	万人	通过考察城市中信息类产业从业人员数，衡量城市中信息产业人力资本的总体规模
	万人科研、技术服务人数	人	通过考察城市中每万人所拥有的科研和技术服务人员数量，衡量城市中的科技工作者和技术服务人员的总体人类资本规模
人力资源质量	大专及以上学历人数占所有就业人数比	%	通过考察统计城市中拥有大专及以上学历人数，并计算与就业总人数的比值，衡量城市中实际就业人口的受教育程度，反映人力资源的总体质量情况
	专业技术人员人数占所有就业人数比	%	通过考察统计城市各行业中专业技术人员总数，并计算与就业总人数的比值，衡量城市中实际就业人口的总体就业结构状况，进一步反映人力资源的质量情况

续表

主题	具体指标	单位	指标说明
人力资源质量	信息类从业人数占就业人数比	%	通过考察统计市中信息类从业人员总数，并计算与就业总人数的比值，衡量城市实际就业人口在信息产业中的就业分布情况，属于人力资源中较高级的优质资源
	高级职称人数占所有就业人数比	%	通过考察统计市中高级职称总人数，并计算与就业总人数的比值，衡量城市实际就业人口在高级职称、高级知识分子方面的分布状况，属于人力资源的高级优良资源
	国家重点实验室数量	个	通过考察统计市中国家重点实验室的总数，反映该城市的科技研发实力、科技研究氛围等，而其中的大部分工作人员属于具有高级知识分子或高级技能人员，进一步反映城市的人力资源的质量情况
人力资源政策环境吸引力	单位从业人员年平均工资	元	通过统计城市中单位从业人员的年平均工资，初步反映出该城市从业人员的基本收入状况，衡量该城市对人力资源的吸引力
	所在城市综合竞争力	\	通过考察城市综合竞争力在国家同级别城市中排名以及认知程度，衡量该城市对于人力资源的吸引力以及人才的个人发展前途
	人力资源流动指数	\	通过考察城市中大专以上学历的劳动力流入与流出的比例，衡量该城市对于人力资源的吸引力以及城市发展的活力
	人力资源创业服务指数	\	通过考察政府等公共服务部门对创业的服务政策，社会中的产业孵化器等机构的数量，以及各种创业服务机构的服务质量，衡量该城市人才的个人发展前途和发展的活力
	人力资源政策吸引度	\	通过考察政府等公共服务部门是否颁布了人才引进政策，政策完善程度，以及人才引进的力度，衡量衡量该城市对于人力资源的吸引力
	人力资源政策激励度	\	通过考察政府等公共服务部门是否颁布了人才创业、工作等发展的支持、鼓励政策，以及政策完善程度，奖励的力度等，衡量衡量该城市对于人力资源的吸引力
	人力资本产权制度完善度	\	通过考察城市中的政府工作条例、政府颁布政策、地方性法律条例中是否具有产权保护的相关规定，以及政策、法律的完善程度、保护力度等，衡量城市对产权的保护以及对于人力资源的吸引力

（2）基础设施建设。

基础设施是用于保证国家或地区社会经济活动正常进行的公共服务系统，是社会赖以生存发展的一般物质条件。智慧城市的基础设施是指保障智慧城市各项功能畅通、安全、协同运作的相关基础设施。本文认为智慧城市的基础设施建设可以分为感知网络建设水平、宽带网络建设水平、数据库建设水平，以及其他信息化基础设施四个方面，具体内容包括视频监控覆盖率、传感器数量、光纤接入覆盖率、无线WLAN覆盖率、电脑普及率、基础数据库覆盖率等20项指标，见表7-2。

表7-2 基础设施建设指标汇总

主题	具体指标	单位	指标说明
感知网络建设水平	视频监控覆盖率	%	通过统计城市中视频监控的覆盖面积占城市总面积的比例，衡量城市治安防控科技化水平和城市管理水平
	智能电网覆盖率	%	通过统计智能电网占所有电网的比例，衡量城市新型现代化电网建设水平
	3S（RS、GIS、GPS）设备覆盖率	%	通过考察城市中3S设备覆盖面积占城市总面积的比例，衡量城市信息感知网络的发展水平
	万人拥有监控探头数量	个	通过考察统计城市中监控探头数量，并计算每万人拥有量，衡量城市监控感知的能力
	传感器数量	个	通过考察统计城市中传感器数量，衡量城市收集感知数据的水平
宽带网络建设水平	光纤接入覆盖率	%	通过考察城市中网线网络可达的用户数占城市总户数的比例，衡量城市光纤网络建设水平，是智慧城市基础设施发展水平核心指标之一
	无线网络覆盖率	%	通过考察城市中通过各种无线网络传输方式实现的室外网络连接的宽带覆盖率，衡量无线网络发展水平
	无线WLAN覆盖率	%	通过考察城市中无线WLAN热点覆盖区域占城市总面积比例，衡量城市公共场所中WLAN服务的建设水平
	户均网络带宽接入水平	M	通过考察统计城市内每户家庭实际使用网络的平均带宽（包括各种家庭网络接入方式），衡量城市中家庭实际使用网络的平均带宽水平
	人均网络（域名）站点数量	个	通过考察统计在该城市中注册备案网络（域名）站点总数，并计算人均数量，衡量城市中网络域名、网络站点的建设水平

续表

主题	具体指标	单位	指标说明
数据库建设水平	人均数据库数量	个	通过考察统计城市中各种数据库的总数，并计算人均数量，衡量城市中数据库建设的整体水平
	基础数据库覆盖率	%	通过考察统计城市中基础数据库的建设情况、不同部门间数据库的对接情况等，并计算在城市总人口中的覆盖情况，衡量城市公共平台的发展水平
	数据库总字节数	Bit	通过考察统计城市中各种数据库的总字节数，衡量其容量的大小，进一步反映城市数据库的建设水平
	数据库信息共享共用度	%	通过考察城市数据库信息共享率、不同部门间数据库对接情况等，衡量城市中数据库信息共享共用的程度
其他信息化基础设施	电脑普及率	%	通过考察统计城市中拥有电脑的家庭数占家庭总数的比例，衡量城市家庭基本信息基础设施水平
	每百平方公里光缆长度	m	通过考察城市中所铺设的各种光缆总长度，计算每平方公里内光缆长度，衡量城市信息传输基础设施水平
	每百平方公里卫星站点数	个	通过考察统计城市中拥有的卫星站点总数，并计算每平方公里所拥有卫星站点数，衡量城市信息发送、接收的基础设施水平
	下一代广播电视覆盖率	%	通过考察统计城市中下一代广播电视在整个城市内覆盖的用户比例，衡量城市电信网、计算机网和有线电视网融合发展的水平
	万人拥有交换机数量	万门	通过考察统计城市中所拥有的交换机总数，并计算每万人拥有量，衡量城市中网络信息交换的能力
	云计算中心数量	个	通过考察统计城市中云计算中心的总数，衡量城市云计算基础设施建设总体水平

(3) 资金投入。

组织的建设和发展离不开资金的投入，智慧城市的建设内容从基础设施再到社会经济产业包罗万象。根据智慧城市构成和运行的必要组成部分，结合不同学者和研究机构的观点，本文认为智慧城市建设的资金投入可分为基础设施建设资金投入、产业发展资金投入、智慧应用建设资金投入三个方面，具体内容包括智慧城市建设专项财政资金投入占财政支出比重、传感网络设施投资占社会固定资产总投资比重、信息产业投资占GDP比重等26项指标，见表7-3。

表 7-3 资金投入指标汇总

主题	具体指标	单位	指标说明
基础设施建设资金投入	智慧城市建设专项财政资金投入占财政支出比重	%	考察地方政府在城市建设财政支出中，是否有智慧城市建设专项支出，以及支出所占地方财政总支出的比例，衡量地方政府在城市建设中用于智慧城市基础设施投资的规模
	电信设施投资占 GDP 比重	%	考察统计城市中用于电信设施建设和设备更新的财政与社会总投资额，并计算其所占当年城市 GDP 比重，衡量城市电信设施投资建设总体情况
	电信设施投资增长率	%	考察统计城市中电信设施投资较上年的增长率，衡量电信设施的发展情况
	基础网络设施投资占社会固定资产总投资比重	%	考察统计城市建设中光缆、网络通信设备、交换机等与网络有关的基础设施社会投资总额度，并计算与当年社会固定资产总投资额的比例，衡量基础性网络设施的建设情况
	传感网络设施投资占社会固定资产总投资比重	%	考察统计城市建设中传感器、监控探头、RFID 设备等有关传感网络设施的社会投资总额度，并计算与当年社会固定资产总投资额的比例，衡量传感网络设施的建设情况
	信息传输基础设施投资占社会固定资产总投资比重	%	考察统计城市建设中光缆、信息传送站、交换机等有关信息传输设施的社会投资总额，并计算与当年社会固定资产总投资额比，衡量信息传输基础设施建设情况
	科技支出占公共财政支出比重	%	考察城市当年公共财政支出中有关科技研发、科技补贴等与科技发展、采购相关的财政支出，并计算所占公共财政支出的比重，衡量地方政府对科技发展的态度和支持力度
	教育支出占公共财政支出比重	%	考察统计当年城市中社会教育支出的总额，并计算所占城市当年 GDP 的比重，衡量该城市社会中的整体教育、科研氛围和教育、科研投入
	重大信息工程投资占总投资比重	%	考察统计当年城市规模以上投资中有关信息工程的投资项目，计算其投资额度占当年社会总投资额的比重，衡量该城市信息工程的投资发展状况
产业发展资金投入	企业运营中 R&D 经费占总产值比重	%	考察统计城市中所有企业当年的 R&D 经费支出总额，并计算其所占所有企业总产值的比重，衡量城市企业的创新精神、研发能力以及产业的未来发展潜力
	工业固定资产中电子信息业所占比重	%	考察城市中电子信息产业的固定资产总额，并计算其与城市所有工业固定资产的比重，衡量该城市电子信息产业在整体工业体系中的基本发展状况
	工业固定资产中传统产业信息化改造投资比重	%	考察城市中传统信息产业在技术升级、发展改造中，所运用到信息化升级改造的投资额度，并计算其与城市所有工业固定资产的比重，衡量该城市传统产业信息化建设在整体工业体系中的基本水平

续表

主题	具体指标	单位	指标说明
产业发展资金投入	信息产业固定资产投资占社会固定资产投资比重	%	考察城市中电子信息产业当年固定资产增加额，并计算其与社会固定资产投资总额的比重，衡量该城市电子信息产业发展的总体状况
	人均信息产业投资额占人均收入比	%	考察城市中电子信息产业当年总投资额，与总人口计算人均投资额，再计算人均投资额与人均收入的比重，衡量该城市信息产业发展投资的人均水平，反映城市全体居民对信息产业发展整体态度
产业发展资金投入	对有关信息产业的财政补贴占财政支出比重	%	考察统计城市地方政府财政支出中对有关信息产业的财政补贴，并计算所占财政支出的比重，衡量地方政府对电子信息产业发展的支持力度以及整体态度
	信息产业投资占GDP比重	%	考察统计城市中有关信息产业投资的总额度，并计算与城市GDP的比重，衡量该城市全体社会对信息产业发展的支持力度和整体态度
	信息产业建设更新改造投资占社会固定资产投资比重	%	考察统计城市信息产业发展中，有关基础设施、设备更新等基本建设更新的投资总额度，并计算与社会固定资产投资总额的比重，衡量该城市信息产业当年建设发展的整体状况
	传统产业信息化更新改造投资占社会固定资产投资比重	%	考察统计城市传统产业在技术升级、发展改造中，所运用到信息化升级改造的投资额度，并计算与社会固定资产投资总额的比重，衡量该城市传统产业信息化改造建设的整体状况
智慧应用建设资金投入	智慧服务建设资金投入额	元	考察统计城市中各种公共服务平台中，用于信息化支出、信息化服务资金，衡量城市信息化服务的投入状况
	教育信息化建设支出	元	考察城市远程教育覆盖率、电子书包覆盖率，以及留学、教育资助等服务的在线申报情况，衡量城市教育领域的信息化投入情况
	医疗信息化建设支出	元	考察城市公共卫生、医疗服务、区域卫生管理等方面的信息化水平，衡量城市医疗的信息化投入情况
	交通信息化建设支出	元	考察城市是否提供实时动态路况信息查询、违章信息查询、车辆诱导、公交电子化服务等，以及交通方面的信息化支出，衡量城市交通信息化投入情况
	家庭信息化支出	元	考察城市是否通过安全防范技术、自动控制技术、音视频技术等实现家居生活相关设施的集成度，以及是否具备防盗报警、家电遥控等功能，并统计在家庭信息化方面的支出总额，衡量城市家居生活的信息化投入情况

续表

主题	具体指标	单位	指标说明
智慧应用建设资金投入	政府信息化消费支出占财政支出比重	%	考察政府在采购电子信息化设备、网站建设、网站维护、网上工作、网络交流、电子政务等方面支出额度，并计算其所占当年财政支出的比重，衡量政府管理、服务的信息化投入情况
	社区管理服务信息化建设支出	元	考察社区信息平台基础设施建设、社区管理与服务的网络化水平以及支出成本等方面的总体支出额度，衡量城市社区管理服务的信息化投入情况
	人均信息消费占人均收入比	%	考察城市居民在通信、网络生活等信息化方面的年平均支出成本，并计算其占人均收入的比重，衡量城市人均信息化消费水平

7.3.2 产出要素指标

智慧城市建设的产出成果就是高度信息化的各种应用平台、优化的产业结构和经济发展，以及高度的人文素养，即智慧的政府治理、智慧的社会经济、智慧的居民生活、智慧的人文素养等。

（1）智慧政府。

电子政务是智慧政府的核心，智慧政府是电子政务的高级发展阶段，为对智慧政府的评价核心，应该是对电子政务发展状况的评估。在电子政务评价中，政府基本的网上办公能力、必备的网上社会管理服务能力，以及与社会的网络交互能力既是电子政务的核心内容，也是智慧政府的主要发展方向，具体内容包括政府部门网站建设率、网络申报比率、行政审批网络化率、政府网上采购比率、城市网格化管理的覆盖率、数字城管系统覆盖率、政府信箱建设率、网上投诉行为比例、在线访谈行为比例等24项指标，见表7-4。

（2）智慧经济发展。

智慧城市中的技术创新、制度创新都将推动城市的经济发展，提升城市经济质量，增强城市经济竞争力。通过利用经济学原理，分析总结智慧经济的主要内涵，本文认为城市的整体经济实力、智慧产业的发展水平、企业的信息化应用能力以及研发与创新能力是智慧经济评价的主要内容，具体内容包括人均 GDP、就业率、信息产业增加值占 GDP 比重、高新技术产业贡献率、企业网站建设率、货物 RFID 标签使用率、人均专利授予量等 25 项指标，见表 7-5。

表 7-4 智慧政府指标汇总

主题	具体指标	单位	指 标 说 明
网上办公	政府部门网站建设率	%	考察政府各部门的网站建设情况，统计部门网站建设数量，计算政府部门网站建设率，衡量政府工作电子化、信息化的基本情况，反映电子政务建设的基本水平
	网上办公占办公业务工作总量的比例	%	考察以工作时间为标准的政府部门年工作量，统计政府部门网上信息沟通、信息交流、网上办公、网上管理与服务等的工作时间，并计算网上办公所占办公业务工作量的比例，衡量政府办公信息化水平
	非涉密信息公开率	%	考察政府部门是否通过政府网站、引动客户端等方式及时、准确、全面地公开政务信息，并统计政府非涉密公文通过网络进行流转和办理的比例，衡量政府工作的透明程度
	政府信息在线下载率	%	考察政府部门是否通过政府网站提供申请表格、政务公开等信息下载服务，并统计网络下载比率，衡量政府对社会管理、服务工作的网络化程度
	政府公务行为全程电子监察率	%	考察通过各类信息化手段对行政许可类事项办理的全程电子监察率，衡量对政府工作检查监督的信息化水平
	网络申报比率	%	考察行政审批等政府管理、服务工作中可通过网络进行申请的部分，以及在实际工作中通过网络进行申报、审批所占的比例，衡量政府部门工作网络化水平
	行政审批网络化率	%	考察行政审批业务系统对行政办事服务的支撑能力、政府内部移动办公情况，以及行政审批全过程的电子监察情况，衡量政府部门信息化应用水平
	政府网上采购比率	%	考察政府部门在政府采购活动中是否采取的网上招标，以及网上招标所占政府采购的比例，衡量政府采购活动的公开透明程度
	平均无故障时间	小时	考察政府网站、引动客户端等的技术维护、信息更新情况，统计网站等正常工作的时间，以及信息及时发布的频率，衡量政府对信息化应用的积极态度

智慧城市的价值、风险和评价

续表

主题	具体指标	单位	指 标 说 明
社会管理服务	社交媒体等新兴移动通信技术普及率	%	考察政府部门是否利用微博、微信等新兴移动通信技术建立了政务微博、政务微信客户服务端,是否利用这些客户端实时推送政务信息,统计并计算建立此类客户端的政府部门所占比例,衡量政府部门利用新兴信息技术实施社会管理服务的能力
	城市网格化管理的覆盖率	%	考察政府是否在城市中实施网格化管理服务工作,以及网格管理平台的建设状况,衡量政府社会管理服务创新状况
	社区信息服务系统覆盖率	%	考察政府在社区管理服务中,社区信息平台对基础设施、资源、环境、安全等方面的管理与服务情况,衡量政府社区管理与服务的信息化能力
	社会应急管理系统建设率	%	考察城市运用信息化手段在电子预案管理及突发事件预警、监控、应急指挥、调度等的能力,衡量城市利用信息化手段的应急管理水平
	食品药品追踪系统覆盖率	%	考察从生产到销售的食品药品追溯系统在主要食品药品种类中的覆盖比例,衡量政府对食品药品的生产到销售的信息化监管水平
社会管理服务	社会经济检测系统建设率	%	考察政府对城市中海量经济监测信息实时采集、比对、分析、维护,并提供多样化的综合分析结果的能力,衡量城市的经济数据监测预警能力
	企业监管系统建设率	%	考察工程建设、食品药品、安全生产等领域中运用信息化手段对企业、项目、食品药品,以及从业人员等信息进行监督管理的能力,衡量政府利用信息化手段在对企业服务和监管的能力
	数字城管系统覆盖率	%	考察数字城管系统覆盖面积占城市总面积的比例,城管移动终端记录的响应时间等,衡量城市信息化管理的能力
公众参与	政府信箱建设率	%	考察政府各部门是否在其网站上设立投诉、建议、交流电子信箱,并计算电子信箱建设比例,衡量政府利用信息化手段与社会公众沟通交流的基本途径建设情况
	网上投诉行为比例	%	考察在行政投诉中,通过电子信箱、新兴政务社交媒体终端等途径实施的投诉行为所占的比例,衡量公众通过网络对政府实施监督的基本情况
	在线访谈行为比例	%	考察政府是否实施了与民众之间的网络在线访谈等政务活动,并计算此类网络访谈活动次数所占政府与公众各种途径交流访谈次数的比例,衡量政府与公众间通过网络交流的基本情况

续表

主题	具体指标	单位	指标说明
公众参与	民意调查行为比例	%	考察政府是否通过网络实施了听证、问卷调查、施政调查等政务活动，并计算此类活动所占政府与公众各种途径民意调查活动的比例，衡量政府利用网络问政于民的基本情况
	公众论坛建设率	%	考察城市网络中是否建立了多种类型的论坛，计算论坛所占城市中备案网站的比例，衡量公众间实现网络交流的基本情况
	企业和政府网络互动率	%	考察城市区域内通过各类信息化手段和政府进行沟通和互动的企业，在与政府有交互行为的企业中的比例，衡量企业通过网络等信息化途径与政府进行沟通交流的基本情况
	市民与政府网络互动率	%	考察城市区域内市民通过各类信息化手段和政府进行沟通和交互的比例，衡量民众过网络等信息化途径与政府进行沟通交流的基本情况

表7-5 智慧经济发展指标汇总

主题	具体指标	单位	指标说明
城市经济实力	人均GDP	元	考察城市当年的人均GDP水平，衡量城市的整体经济实力
	城镇居民人均可支配年收入	元	考察城市当年城镇居民的人均可支配年收入，衡量城市市民日常生活的整体水平
	城镇人均年生活费支出	元	考察城市当年城镇居民的人均年生活费支出，衡量城市居民日常生活的整体水平与生活质量
	人均工业总产值	元	考察城市当年工业总产值，并计算人均工业总产值，衡量城市工业发展整体水平
	就业率	%	考察城市的就业率，衡量城市的经济发展健康状况、市民生活的保障状况
	第三产业所占比例	%	考察城市的第三产业所占比例，衡量城市的经济结构构成与发展状况
智慧产业发展水平	高新技术产业总产值占GDP比重	%	考察统计城市信息产业、材料产业、电子产业等高新技术产业总产值，并计算所占城市GDP的比重，衡量城市信息产业发展的基本状况
	信息产业贡献率	%	考察统计信息产业相较于去年的产业增加值，并计算所占城市GDP增加值的比重，衡量城市信息产业的发展趋势
	人均信息产业国内生产总值	%	考察统计城市信息产业总产值，并计算人均产值，衡量信息产业发展对城市民众的基本影响

续表

主题	具体指标	单位	指标说明
智慧产业发展水平	传统产业信息化改造投资占 GDP 比重	%	考察城市中传统信息产业在技术升级、发展改造中，所运用到信息化升级改造的投资额度，并计算所占城市 GDP 的比重，衡量传统产业信息化改造在城市经济发展中的影响
	信息产业从业人数占总人口比	%	考察统计城市中信息产业的就业人数，并计算所占城市中总人口的比重，衡量信息产业发展对城市民众就业、生活的直接影响
	云计算产业产值占 GDP 比重	%	考察统计城市中有关云计算平台、云计算服务等相关云计算产业的产值，并计算所占城市 GDP 的比重，衡量在建设智慧城市的大数据收集和数据处理方面，城市的经济发展受影响的程度
	高新技术产业贡献率	%	考察城市中信息产业、材料产业、电子产业等高新技术产业相较于去年的产业增加值，并计算对 GDP 增长的贡献率，衡量城市中高新技术产业发展对城市经济发展的影响程度
企业信息化应用水平	企业网站建设率	%	考察统计城市中企业所建设网站总数，并计算企业网站建设率，衡量城市中企业的信息化水平基本情况
	企业电子商务行为率	%	考察统计城市企业是否采用了网络等信息化技术进行电子商务运营模式，并统计计算企业电子商务交易额与营业额的比重，衡量城市中企业的信息化运营能力
	企业信息化系统使用率	%	考察城市企业建设信息化系统的比例，衡量城市中企业信息化运营的基本状况
	POS 机普及率	%	考察城市中 POS 机在注册商户中的普及率，衡量城市基本的电子商务交易状况
企业信息化应用水平	货物 RFID 标签使用率	%	考察城市中企业生产货物是否采用 RFID 标签，并统计计算采用 RFID 标签的货物生产量占城市全体企业生产量的比例，衡量城市商品的信息化追溯、流动等建设水平
	电子商务交易额占商品销售总额比重	%	考察城市当年通过网上交易等电子商务模式产生的交易总额，并计算所占城市当年商品销售总额的比重，衡量城市中电子商务发展的总体水平
研发能力与创新精神	GDP 中 R&D 经费支出所占比	%	考察城市中企业、科研机构等当年支出的 R&D 经费总额，并计算所占 GDP 的比重，衡量城市整体的研发能力与创新精神
	每百万人均商标数	个	考察统计城市中的注册商标总数，并计算每百万人拥有数量，衡量城市的贸易和研发氛围与能力
	每万人科技成果数量	项	考察统计城市中当年的科技成果产出总量，并计算每万人拥有数量，衡量城市中在科技研发方面的能力和氛围

续表

主题	具体指标	单位	指标说明
研发能力与创新精神	每万人专利授予量	项	考察统计城市中当年授予的专利总数,并计算每万人拥有数量,衡量城市中在创新和研发方面的能力
	每万人专利数申请量	项	考察统计城市中当年申请的专利总数,并计算每万人拥有数量,衡量城市中在创新和研发方面的整体氛围
	每万人发明专利拥有量	项	考察统计城市中当年发明专利总量,并计算每万人拥有数量,衡量城市中在创新和研发方面的整体氛围和实际能力

(3)智慧生活。

智慧城市在城市和社区中广泛应用电子和数字技术,将会改变一个地区居民的生活和工作,通过IT在城市建设、管理、服务中的应用,产生与民众日常生活联系较为紧密的信息化应用平台,提升民众生活质量。通过总结现有研究和实践,选择与民众日常生活联系较为紧密的部分,本文认为对智慧生活的评价应主要从智慧教育、智慧医疗、智慧交通、智慧能源、智慧社区、智慧环境六个方面进行,具体内容包括网络教学比例、家校信息化互动率、电子病历使用率、远程医疗系统覆盖率、公交站牌电子化率、ETC系统覆盖率、建筑物智能节能系统覆盖率、新能源汽车比例、社区信息服务系统覆盖率、家庭信息化互动率、人均公园绿地面积、重点污染源监控比例等41项指标,见表7-6。

表7-6 智慧生活指标汇总

主题	具体指标	单位	指标说明
智慧教育	人均教育、文化支出占人均收入比	%	考察统计城市中人均教育、文化生活支出总额,并计算所占人均收入比重,衡量城市教育、文化生活氛围和整体水平
	教育支出占GDP比重	%	考察统计城市教育支出总额,并计算所占GDP比重,衡量城市教育发展整体水平
	网络教学比例	%	考察城市中各类学生通过信息化手段接受网络教育的比例,衡量城市教育利用信息技术的基本状况
	数字图书馆建设率	%	考察城市中各类图书馆的网站建设情况、电子数目提供情况,并计算所占图书馆总数的比例,衡量城市图书、文化提供中的信息技术利用状况

智慧城市的价值、风险和评价

续表

主题	具体指标	单位	指标说明
智慧教育	数字博物馆建设率	%	考察城市中各类博物馆的网站建设、展品电子化提供情况，并计算所占博物馆比例，衡量城市文化提供的信息技术利用
	家校信息化互动率	%	考察城市中学校、教师与家长之间通过网络、新兴社交媒体等各种信息技术实现沟通交流的情况，统计覆盖学生比例，衡量城市中教育管理与服务的信息化水平
智慧医疗	每万人拥有医院数	个	考察统计城市中社区医院规模及以上的医院总数，并计算每万人拥有数量，衡量城市医疗服务提供的基本水平
	每万人拥有医疗床位数	个	考察统计城市所拥有的医疗床位总数，并计算每万人拥有数量，衡量城市医疗服务提供的基本水平
	市民电子健康档案建档率	%	考察城市医疗机构、卫生管理机构中是否建立了市民电子健康档案，统计拥有总数并计算所占总人口比例，衡量城市医疗、保健系统应用信息化技术为市民服务的水平
	电子病历使用率	%	考察城市医疗机构、卫生管理机构中是否建立了市民电子病历，统计拥有总数并计算所占总人口比例，衡量城市医疗、保健系统应用信息化为市民服务的水平
	医院间资源和信息共享率	%	考察统计城市医院间通过网络等信息技术实现医疗资源及信息共享的医院数量，并计算所占医院总数的比例，衡量城市中医院的信息化水平以及信息共享能力
	远程医疗系统覆盖率	%	考察城市医院利用网络、视频等信息技术实现远程医疗，建设远程医疗系统的医院数量，并计算所占医院总数的比例，衡量城市中医院信息化及其应用水平
	网上预约挂号医院比例	%	考察统计城市中能够实现网上预约挂号的医院数量，并计算所占医院总数的比例，衡量城市中医院的基本信息化水平
智慧交通	公交站牌电子化率	%	考察公交站牌的电子化水平，统计电子站牌数量，计算所占公交站牌总数的比例，衡量城市公共交通提供的信息化水平
	城市道路传感器覆盖率	%	考察统计各类交通信息传感终端在城市道路上的安装情况，并计算覆盖道路长度占总长度的比重，衡量城市道路感知的信息化水平
	城市停车诱导系统覆盖率	%	考察统计城市中安装停车诱导系统的停车场总数，并计算所占停车场总数的比例，衡量城市停车诱导信息化的水平

续表

主题	具体指标	单位	指标说明
智慧交通	ETC系统覆盖率	%	考察统计城市中收费道路的ETC系统建设状况，并计算安装ETC系统的道路所占道路总数的比例，衡量城市交通管理的信息化水平
	道路综合管理系统覆盖率	%	考察城市交通管理部门中道路综合管理系统的建设状况，统计所覆盖的区域，并计算与城市道路总长度的比重，衡量城市交通管理信息化的基本水平
	市民交通诱导信息服从率	%	考察城市交通管理中，车辆遵守交通诱导信息提示的比例，衡量城市中市民对交通管理的接受、服从意识，以及城市交通管理的力度
智慧能源	单位GDP能耗	吨标准煤每万元	考察城市GDP增长过程中，单位GDP的能耗状况，衡量城市GDP增长与能源消耗间的关系
	企业智能能源管理系统覆盖率	%	考察城市企业中应用各类信息技术进行管理和平衡能源消耗的比例，衡量城市企业信息技术应用对能源消耗的影响
	建筑物智能节能系统覆盖率	%	考察城市中乙级以上办公楼中采用信息化技术实现节能将耗的比例，衡量城市中信息技术应用对能源消耗影响在社会中的应用情况
	家庭智能表具安装率	%	考察统计城市中安装智能型电、水、气表的家庭数量，并计算所占家庭总数的比例，衡量城市中家庭对信息技术的应用，以及信息技术对家庭生活能耗的影响
	新能源汽车比例	%	考察统计城市中电能驱动、天然气驱动等新能源汽车的数量，以及所占汽车总量的比重，衡量能源节耗在机动车领域的应用及影响
	道路路灯智能化管理比例	%	考察统计城市中路灯实现智能化管理的道路长度，并计算与城市道路总长度的比重，衡量在城市道路服务领域的能源节耗发展状况
智慧社区	社区信息服务系统覆盖率	%	考察统计城市中安装综合性信息服务系统的社区数量，并计算所占社区总数的比例，衡量城市社区管理服务的信息化水平总体状况
	社区服务信息推送率	%	考察城市中社区管理机构通过信息化手段向社区居民主动推送各类服务信息占信息总量的平均比例，衡量城市社区管理服务的信息化水平
	社区老人信息化监护服务覆盖率	%	考察城市中社区实际提供的养老监护占所需监护的老人比例，并利用信息技术手段实施管理服务的状况，衡量城市社区管理服务的信息化水平
	居民小区安全监控传感器安装率	%	考察城市中具有独立物业的居民小区中安全监控类传感器的安装率，衡量城市社区管理服务信息化中的感知水平

续表

主题	具体指标	单位	指标说明
智慧社区	家庭信息化互动率	%	考察城市中社区家庭之间通过网络、新兴社交媒体等进行信息沟通、交流的情况，计算占家庭总数的比例，衡量城市社区中家庭的信息化水平
	人均住宅面积	m²	考察城市中的人均住宅面积，衡量城市市民家庭居住的基本状况
智慧环境	建成区绿化率	%	考察城市建成区中的绿化率，衡量城市绿化的总体情况，反映城市环境的基本水平
	人均公园绿地面积	m²	考察城市公园绿地总面积，并计算人均面积，反映城市市民所享有的公园绿地资源
	空气质量优良率	%	考察统计市一年中空气质量综合指数为良及良以上的天数，计算空气质量天数优良比例，衡量城市的总体环境质量
	环境质量自动化监测比例	%	考察环境质量自动化监测系统的建设情况，以及通过信息化手段对大气和水实现自动化实时监测的观测点占所有观测点的比例，衡量城市环保监察的信息化水平
	重点污染源监控比例	%	考察城市污染源监控信息化系统的建设情况，以及对城市内重点污染源的信息化监控比例，衡量城市污染监察的信息化水平
	废水处理率	%	考察城市的污水处理率，反映城市基本的环保意识和环保水平
	工业二氧化硫去除率	%	考察城市的工业二氧化硫去除率，反映城市基本的环保意识和环保水平
	工业污染粉尘去除率	%	考察城市的工业污染粉尘去除率，反映城市基本的环保意识和环保水平
	生活垃圾无害化处理率	%	考察城市的生活垃圾无害化处理率，反映城市基本的环保意识和环保水平
	工业固体废物综合利用率	%	考察城市的工业固体废物综合利用率，反映城市基本的环保意识和环保水平

（4）智慧人文素养。

智慧城市的固有特性决定了高素质人才的不断聚集，在与市民、企业和城市的相互交织中创造出一个知识型的社会。通过对不同学者和研究机构的相关研究进行总结，以及结合现实中智慧城市建设的实践，本文认为对智慧城市中人文素养的评价，应从民众的信息技术应用水平入手，评估民众的科学文化素养，并对民众的幸福感等主观感受进行统计总结，具体包括大专及以上学历占总人口比重、人均公共图书馆藏书量、万人拥有博物馆数、市民上网率、社交媒体等新兴移动通信技术普及率、人均信息化消费支出占人均支出比、生活安全满意度、网络信息获取便捷性的满意度等22项指标，见表7-7。

表7-7 智慧人文素养指标汇总

主题	具体指标	单位	指标说明
市民科学文化素养	大专及以上学历占人口比重	%	考察统计城市中大专以上学历总人数，并计算占总人口的比例，衡量城市市民整体科学文化水平
	专业技术人员数占人口比重	%	考察统计城市中民政部门认定的在各行业中专业技术人员总数，并计算占总人口的比例，衡量城市市民在专业技术层面上的整体科学文化水平
	每百万人拥有高校数	个	考察统计城市中的高校总数，并计算每百万人拥有量，衡量城市中高等教育的整体水平以及发展潜力
	人均公共图书馆藏书量	册	考察统计城市中公共图书馆的藏书量，并计算人均图书拥有量，衡量城市中为市民提供科学文化知识的能力
	百万人拥有艺术、文化馆数	个	考察统计城市中各种艺术馆、文化馆总数，并计算百万人拥有量，衡量城市中为市民提供精神文化生活的能力
	百万人拥有博物馆数	个	考察统计城市中各种博物馆总数，并计算百万人拥有量，衡量城市中为市民提供精神文化生活的能力
市民生活信息化水平	市民上网率	%	考察统计城市中当年的网民数量，并计算占总人口比重，衡量城市市民的网络化、信息化基本水平
	移动电话3G普及率	%	考察统计城市中的移动智能手机、移动电脑等各种可移动网络终端设备中3G及以上设备的持有量，衡量城市市民随时随地获取网络信息的基本水平
	社交媒体等新兴移动通信技术普及率	%	考察统计城市市民中注册的各种社交媒体等新兴移动通信用户，并计算所占总人口比重，衡量城市市民网络社交、网络沟通交流基本状况，以及网络信息获取的能力
	移动电话普及率	%	考察统计城市中移动电话的普及率，衡量城市市民的基本社交、沟通、交流的能力
	万人图书、报纸、期刊发行量	册	考察统计城市当年公开发行的各种图书、报纸、期刊发行总量，并计算万人发行拥有量，衡量城市市民的传统信息获取情况
	人均邮电业务量	元	考察统计当年城市邮电业务的总营业额，并计算人均邮电业务量，衡量城市市民的传统信息沟通情况

续表

主题	具体指标	单位	指标说明
市民生活信息化水平	人均信息化消费支出占人均支出比	%	考察统计城市当年的电话费、网络资费等信息化消费的总额，并计算人均消费额与人均年支出的比例，衡量城市市民的信息化支出在日常生活中所占比重和信息化水平
	人均网购支出占人均支出比	%	考察统计城市中当年通过网络实施的购物、消费总额，并计算人均消费额度与人均年支出的比例，衡量城市市民的网络生活、网络消费基本情况
市民智慧生活感知	网络信息获取便捷性的满意度	%	通过问卷调查的方式，对城市市民进行抽样测评，考察城市市民对网络信息获取是否便捷、获取信息真实性是否满意等进行调查，衡量城市市民对网络信息获取满意程度
	网络资费的满意度	%	通过问卷调查的方式，对城市市民进行抽样测评，考察城市市民对网络资费情况是否了解、网络资费高低是否满意等进行调查，衡量城市市民对网络资费方面的满意程度
	生活安全满意度	%	通过问卷调查的方式，对城市市民进行抽样测评，考察城市市民对日常生活中的犯罪率是否了解、对日常生活、网络生活安全性等方面是否满意进行调查，衡量城市市民对生活安全方面的满意程度
	公共部门服务便捷性满意度	%	通过问卷调查的方式，对城市市民进行抽样测评，考察城市市民对政府等公共部门提供的服务是否了解、公共服务获取是否便捷、公共服务质量是否满意等反面进行调查，衡量城市市民对公共部门服务的满意程度
	就医方便程度	%	通过问卷调查的方式，对城市市民进行抽样测评，考察城市市民对医院等医疗机构的分布是否了解、医疗资源获取是否方便、医疗服务质量是否满意等方面进行调查，衡量城市市民对医疗服务的满意程度
	环境满意度	%	通过问卷调查的方式，对城市市民进行抽样测评，考察城市市民对环境污染状况是否了解、对环保力度是否满意、对环境总体状况是否满意等方面进行调查，衡量城市市民对环境的满意程度
	食品安全满意度	%	通过问卷调查的方式，对城市市民进行抽样测评，考察城市市民对食品制造是否放心、食品流通是否满意等方面进行调查，衡量城市市民对食品安全的满意程度
	交通方便满意度	%	通过问卷调查的方式，对城市市民进行抽样测评，考察城市市民对交通拥堵的状况是否了解、交通建设是否满意等方面进行调查，衡量城市市民对交通便捷性的满意程度

7.4 DEA 评价模型建立

DEA 模型根据不同的评价环境与评价目的发展了多种形式,不失一般性。为了测量样本区域的智慧城市建设效率,本文首先选用经典的模型测量样本中多个 DMU 相对有效性。C^2R 模型可以有效测量多个 DMU 之间的相对有效性,是一种有效的多目标输入、输出有效性评价方法。但是,通过 C^2R 模型计算所得结果只能解决一组 DUM 之间相比较而言是否有效的问题,并不能测量单个 DMU 的生产效率,以及单个 DMU 在一段时期内的生产效率变化情况。而 Malmquist 指数评判法是用来测量一个生产系统全要素生产率变化的有效方法,所以本文引入 Malmquist 指数评判法做进一步的计算,测量样本区域的智慧城市建设生产率指数,作为对 C^2R 模型计算的补充完善,进而揭示出样本区域智慧城市建设的差异及其背后的含义与启示。

7.4.1 DEA 在智慧城市评价中的应用原理

DEA 是一种非参数估计方法,自 20 世纪 90 年代以来已经成为学术界对全要素生产率测算的具有代表性的前沿方法。最早由 Charnes(1978)等人提出决策单元的相对效率由线性规划来测量。其实质是通过相关数据的包络线找出适当产出水平的边界等产量曲线,再用线性规划或其他方法来构造数据点的有效边界。如果决策单元位于生产前沿面上,其效率指数为 1;而非有效的决策单元不在生产前沿面上,效率指数小于 1。给定估计出的边界,技术无效率可以通过偏离边界的相对距离来衡量。在对目标领域进行评价时,主要通过目标的实际收入、产出数据建立一定形式的线性规模,估计有效生产前沿面,通过判断目标是否位于生产前沿面上来比较相对效率和规模收益。这种方法不仅可以计算出目标的相对效率,还能为非 DEA 有效的目标提供效率参照集,其中,投影值确定了在投入或产出方面与先进水平的距离,为目标管理者提供借鉴。其理念如下。

假设有 n 个参与评比的单元为 DMU（决策单元），每个 DMU 都有 m 种投入和 s 种产出。第 j 个决策单元的输入向量和输出向量分别是：$X_j = (x_{1j}, x_{2j}, \cdots, x_{mj})^T > 0$，$Y_j = (y_{1j}, y_{2j}, \cdots, y_{sj})^T > 0 (j = 1, 2, \cdots, n)$。产出指标和投入指标的权系数分别是：$u = (u_1, u_2, \cdots, u_s)^T$，$v = (v_1, v_2, \cdots, v_m)^T$。每个决策单元相应的效率评价指数表述为：

$$h_j = \frac{\sum_{r=1}^{s} u_r y_{rj}}{\sum_{i=1}^{m} v_i x_{ij}} \qquad (7-1)$$

将城市的建设发展看作一个长期的生产、建设过程，投入一定的生产资料进行生产、建设活动，在一定的时间内某些领域也许就会产生一定的积极变化，但也可能未必取得良好的生产效果，甚至会出现负增长。因此，在采用 DEA 法对智慧城市的建设效果进行评估时，所选择指标数值可能是当一部分输入指标数值增加，所有的输出数值是增加的，而另一部分输入指标的数值增加时，某些输出的数值是减少的。

智慧政府、智慧经济发展、智慧生活、智慧人文素养等作为智慧城市所显现出来的状况，即为输出指标项目，而人力资本投入、基础设施建设、资金投入则作为输入指标项目。当智慧应用建设投入增加，势必对市民的生活信息化水平产生一定的积极影响，这称为积极输入指标，而有可能会对输出指标产生负面影响的输入指标项目，如基础设施建设对环境评估的影响等，这称为消极输入指标。

从一般情况来看，将 $A_k (k = 1, 2, \cdots, n)$ 定义为决策单元。假定 $(x_1, x_2, \cdots, x_t)$ 为积极输入指标项目，而 $(x_{t+1}, x_{t+2}, \cdots, x_m)$ 为消极输入指标项目。对于每个积极输入项目的数值，设 x_j^k 为第 j 个输入项目对第 k 个决策单元的贡献值。另外，将 $X_j^k = 1/x_j^k$，$x_j^k > 0$，$j = 1, 2, \cdots, t$ 定义为对每个消极输入项目的数值，而对于每个积极输入项目数值，设 x_j^k 为第 j 个输入项目对第 k 个决策单元的贡献值。因此，可以定义 $X_j^k = 1/x_j^k$，$x_j^k > 0$，$j = 1, 2, \cdots, t$。对每个消极输入项目的数值，可以定义 $X_j^k = x_j^k$，$x_j^k >$

0，$j = t+1, t+2, \cdots, m$，设输入的数值向量为 $X^k = (x_1^k, x_2^k, \cdots, x_m^k)$，输出向量为 $Y^k = (y_1^k, y_2^k, \cdots, y_m^k)^T$。

用指标的变化，新的输入和输出指标项目符合 DEA 对每个决策单元的输入和输出项目选择的要求，从而可以将新的输入和输出数值代入模型中，得到其相对有效性的值。

7.4.2 初始的 C^2R 模型

C^2R 模型是用于研究一定数量的输入要素和输出产品的经济体系来进行判断多个决策单元投入产出是否具有合理性和有效性。

通过利用式（7-1）中的效率评价指数模型，并以 DMU 的效率指数 h_{j0}（决策单元效率指数 $h_j < 1$，$j = 1, 2, \cdots, n$）最大化为目标进行构建出 DEA 初始模型。

$$\max \frac{u^T Y_{j0}}{v^T X_{j0}}$$

$$s.t. \begin{cases} \dfrac{u^T Y_j}{v^T X_j} \leqslant 1, j = 1, 2, \cdots, n \\ u \geqslant 0, v \geqslant 0 \end{cases} \tag{7-2}$$

为了便于求解，将式（7-2）进行 Charness-Cooper 变换，构建出一个等价的线性规划模型。

令 $t = \dfrac{1}{v^T X_{j0}}$，$\omega = tv$，$\mu = tu$，则可以将式（7-2）转化为：

$$\max \mu^T Y_{j0}$$

$$s.t. \begin{cases} \omega^T X_J - \mu^T Y_j \geqslant 0, j = 1, 2, \cdots, n \\ \omega^T X_{j0} = 1 \\ \omega \geqslant 0, \mu \geqslant 0 \end{cases} \tag{7-3}$$

其中，式（7-2）与式（7-3）是等价的，二者的最优值相等。另外，具体求取相对有效值主要是一个线性规划问题，可以从给定具体的输入和输出值，建立起相应的线性规划，具体如下。

对于每一个决策单元 A^k, $k = 1, 2, \cdots, n$

$$\text{Min } d_k$$
$$\text{s.t.} \sum_{i=1}^{n} x^i \lambda_i + s^- = x^k d_k \tag{7-4}$$
$$\sum_{i=1}^{m} y^i \lambda_i - s^+ = y^k$$

其中 $s^+ = (s_1^+, \cdots, s_m^+)^T \geq 0$

$s^- = (s_1^-, \cdots, s_m^-)^T \geq 0$

$\lambda_i \geq 0$, $i = 1, 2, \cdots, n$

上述所解的相对有效值为 $\bar{d}_k$，因此存在 $\bar{d}_1 \leq \bar{d}_2 \leq \cdots \leq \bar{d}_n$。

并且定义1与定义2给出了判断决策单元 DMU_{j0} 的 DEA 有效条件：

定义1：若线性规划式（7-3）的最优值 = 1，则称 DMU_{j0} 为弱 DEA 有效。

定义2：若线性规划式（7-3）的最优值 = 1，且满足最优解 $\mu^* > 0$, $\omega^* > 0$，则称 DMU_{j0} 为 DEA 有效。

7.4.3 基于 DEA 的智慧城市建设效率 Malmquist 指数评判

Malmquist 生产率指数是 Caves 等人（1982）在 Malmquist（1953）数量指数与距离函数概念的基础上，建立起来的用来测量全要素生产率变化的专门指数。由于在计算上的复杂性，致使该法在实际中很少得到运用。随着 Charnes 等人（1978）数据包络分析（DEA）理论的快速发展，学者将二者结合在一起，此后 Malmquist 生产率指数便被广泛应用于生产率的测算中。

（1）Malmquist 生产率指数基本原理。

Malmquist 生产率指数可以对样本城市中的智慧城市建设效率进行比较分析，Färe 等（1994）认为效率由技术效率的变动和技术进步两个部分共同组成。从增长源泉角度讲，产品产出的增长是要素生产率提高与要素投入量增长的结果，而要素生产率的提高又归结于技术效率改进和技术进步的作用。本文运用 Färe et al. 提出的基于 DEA 的采用 t 和 t+1 时期 Malmquist 生产率作为考察生产率变化的全要素生产率 Malmquist TFP 指数方法。

Färe 等（1994）进一步指出全要素生产率变化（TFPCH）还可以分解为技术效率变化（EFFCH EFFiciency CHange）和技术变化（TECHCH TECHnical CHange）两部分，其中技术效率变化部分（EFFCH）可以进一步分解为纯技术变化分量（PEFFCH）和规模变化分量（SECH）。

在运用 Malmquist 生产率指数法对智慧城市的建设效率进行测量分析时，不仅可以得到一段时期内智慧城市建设的全要素生产率变化（TFPCH），还能测量其中的技术效率变化（EFFCH）、技术创新（TECHCH）、纯技术效率变化（PECH）、规模效率变化（SECH）等分量，进而揭示出样本城市中设差异及其背后的含义。

（2）Malmquist 生产率指数模型。

在进行 Malmquist 生产率指数分析时，首先选择目标单位的每一年作为决策单元，当分析所得该指数大于 1 时，表明目标单位的生产建设情况有效，从 t 时期到 t+1 时期全要素生产率取得了有效增长。

在进行计算生产率随时间变化的 Malmquist 生产率指数之前，Färe et al.（1994）根据距离函数的相关理念，提出 Farrell 技术效率的倒数即为所需距离函数。因此，投入的距离函数可以表示为：

$$D_i^t(y^t \mid x^t) = 1/F_i^t(y^t, x^t \mid C, S) \tag{7-5}$$

Caves et al.（1982）提出，运用 Malmquist 生产率指数可以有效地对目标单位的全要素生产率变化（TFPCH）进行测量反映，从而得到从 t 时到 t+1 时的技术效率的变化。在 t 时期技术下，从 t 时到 t+1 时的 Malmquist 生产率指数为：

$$M_t = \frac{D_0^t(x_{t+1}, y_{t+1})}{D_0^t(x_t, y_t)} \tag{7-6}$$

而在 t+1 时期技术下，从 t 时到 t+1 时的 Malmquist 生产率指数为可以定义为：

$$M_{t+1} = \frac{D_0^{t+1}(x_{t+1}, y_{t+1})}{D_0^{t+1}(x_t, y_t)} \tag{7-7}$$

为了避免武断选择带来的误差，Färe 等定义 Malmquist 指数为上述两个生产率指数式的几何平均数，即 Malmquist 指数为：

$$M_0(x_{t+1}, y_{t+1}, x_t, y_t) = \left[\frac{D_0^{t+1}(x_{t+1}, y_{t+1})}{D_0^{t+1}(x_t, y_t)} \times \frac{D_0^{t}(x_{t+1}, y_{t+1})}{D_0^{t}(x_t, y_t)}\right]^{\frac{1}{2}} \tag{7-8}$$

Färe 等进一步指出，通过对相关函数进行计算，如果所求得 t 到 t+1 期间全要素生产率的值大于 1，则说明在该时段内的生产建设活动具有正效率，即该时期内的目标建设出于增长期，而全要素生产率指数则可以根据生产活动的特征分解为技术效率变化（EFFCH）和技术进步（TECHCH），即有如下关系，全要素生产率变化（TFPCH）= 技术效率变化（EFFCH）×技术进步（TECHCH）：

$$M_0(x_t, y_t, x_{t+1}, y_{t+1}) = \frac{D_0^{t+1}(x_{t+1}, y_{t+1})}{D_0^{t}(x_t, y_t)} \times \left[\frac{D_0^{t}(x_{t+1}, y_{t+1})}{D_0^{t}(x_t, y_t)}\right.$$

$$\left.\times \frac{D_0^{t+1}(x_{t+1}, y_{t+1})}{D_0^{t+1}(x_t, y_t)}\right]^{\frac{1}{2}} \tag{7-9}$$

其中 $EFFCH = \frac{D_0^{t+1}(x_{t+1}, y_{t+1})}{D_0^{t}(x_t, y_t)}$，TECHCH

$$= \left[\frac{D_0^{t}(x_{t+1}, y_{t+1})}{D_0^{t}(x_t, y_t)} \times \frac{D_0^{t+1}(x_{t+1}, y_{t+1})}{D_0^{t+1}(x_t, y_t)}\right]^{\frac{1}{2}}$$

对技术效率的测量在实质上是目标单位与生产函数间的距离，其所反映的是在投入资源恒定的情况下，目标单位生产所得的最大能力，又受限于生产的基本规律，技术进步指数在此期间内的变化，基本同全要素生产率的变化趋势相同。

当规模报酬不变时，技术效率变化（EFFCH）可以进一步分解为纯技术变化分量 PEFFCH（基于不变规模报酬）和规模效率变化分量 SECH（基于可变规模报酬），二者乘积就等于技术效率变化（EFFCH），即技术效率变化（EFFCH）= 纯技术效率变化（PEFFCH）×规模效率变化

(SECH)。

其中,纯技术效率变化(PEFFCH)被定义为:$\dfrac{D_0^t(x_{t+1}, y_{t+1})}{D_0^t(x_t, y_t)}$,规模效率变化(SECH)被定义为:$\dfrac{S_0^t(x_t, y_t)}{S_0^t(x_{t+1}, y_{t+1})}$。因此,全要素生产率变化(TFPCH)就可以表示为:

$$M_0(x_t, y_t, x_{t+1}, y_{t+1}) = \dfrac{D_0^t(x_{t+1}, y_{t+1})}{D_0^t(x_t, y_t)} \times \dfrac{S_0^t(x_t, y_t)}{S_0^t(x_{t+1}, y_{t+1})}$$
$$\times \left[\dfrac{D_0^t(x_{t+1}, y_{t+1})}{D_0^t(x_t, y_t)} \times \dfrac{D_0^{t+1}(x_{t+1}, y_{t+1})}{D_0^{t+1}(x_t, y_t)} \right]^{\frac{1}{2}} \quad (7-10)$$

按照 Färe(1994)提出的方法可以结合面板数据,运用 DEA 类线性规划方法即可对上述公式进行计算。

(3)体现决策者偏好的 DEA 模型变化。

根据上述中对 Malmquist 生产率指数构成,先假设 DMU_j,j=1,2,3,表示 3 个年份,(x_j, y_j) 为第 j 区域的投入和产出。其中,$x_j = (x_{1j}, x_{2j}, \cdots x_{mj})^T$,$y_j = (y_{1j}, y_{2j}, \cdots, y_{sj})^T$,则可以构建出对 $j_0 \in (1, 2, 3)$,评估技术和规模效率的体现决策者偏好的 DEA 模型,具体为:

$$\begin{cases} \max V_1 = v^T Y_0 \\ s.t.\ u^T X_0 = 1 \\ u^T X_j - v^T Y_j \geq 0 \\ j = 1, 2, 3 \\ u \in U, v \in V \end{cases} \quad (7-11)$$

评估纯技术有效性的体现决策偏好的 DEA 模型为:

$$\begin{cases} \max V_2 = v^T Y_0 + \mu_0 \\ s.t.\ u^T X_0 = 1 \\ u^T X_j - v^T Y_j - \mu_0 \geq 0 \\ j = 1, 2, 3 \\ u \in U, v \in V \end{cases} \quad (7-12)$$

其中，U，V 为闭凸锥，(X_0, Y_0) 为 DMU_{j0} 的投入和产出，$u = (u_1, u_2, \cdots, u_m)$，$v = (v_1, v_2, \cdots, v_s)$ 分别为投入和产出指标的权重。

根据本文的研究对象，智慧城市的建设是为了建设产生一个更加智慧、宜居的理想城市，任何的资源投入均是为这一目标的实现而服务，因此智慧城市建设的产出指标是更为重要的研究对象。这其中产出主要有智慧经济发展、智慧生活、智慧人文素养和智慧政府，并通过两两比较得到的判断矩阵 B_3 为：

$$\begin{Bmatrix} 1 & 3 & 3 \\ \frac{1}{3} & 1 & 1 \\ \frac{1}{3} & 1 & 1 \end{Bmatrix} = B_3$$

其中，最大特征值 $\lambda_3 = 3$，则 $C.I. = 0$，$C.R. = 0$，满足一致性。

令 $B = B_3 - 3E_3$，则 $V = \{v \mid Bv \geq 0\}$，则上述模型变为：

$$\begin{cases} \max v^T Y_0 \\ s.t.\ u^T X_0 = 1 \\ u^T X_j - v^T Y_j \geq 0 \\ j = 1, 2, 3 \\ Bv \geq 0,\ u \geq 0 \end{cases} \quad (7\text{-}13)$$

$$\begin{cases} \max v^T Y_0 + \mu_0 \\ s.t.\ u^T X_0 = 1 \\ u^T X_j - v^T Y_j - \mu_0 \geq 0 \\ j = 1, 2, 3 \\ Bv \geq 0,\ u \geq 0 \end{cases} \quad (7\text{-}14)$$

若式（7-13）的最优值 $V_3 = 1$，则 DMU_{j0} 为弱有效；若式（7-13）的最优值 $V_3 = 1$，且 $u^* \in \text{Im}U$，$V^* \in \text{Im}V$，则 DMU_{j0} 为相对有效的。同理，可以相应地得出模型式（7-14）是否具有有效性或者弱有效性。

7.4.4 Malmquist 指数评判结果解读

Malmquist 指数能够测量评估对象的全要素生产率变化（TFPCH），并可以被分解成为三大部分，分别称之为技术效率变化（EFFCH）、技术变化（TECH）和规模效率变化（SECH）。而技术效率变化（EFFCH）则是纯技术效率变化分量（PEFFCH）和规模效率变化（SECH）的乘积。

对技术效率的测量指的是测量目标单位与生产函数之间的距离，反映出在投入资源恒定的情况下，目标单位通过生产所得的最大产出能力。而在生产活动中，生产率增长的源泉即为要素生产率提高与要素投入量的增长，而要素生产率的提高归根到底是技术效率改进和技术进步所带来的结果。因此，在评估对象处于成长期，即全要素生产率（TFP）为正时，技术进步指数的变化趋势基本上与全要素生产率指数的变化趋势一致。

由此可见，在全要素生产率（TFP）为正的情况下，评估对象处于成长期，其生产活动是有意义的，此时各项指标可能会出现以下几种情况：

第一，当全要素生产率（TFP）>1时，说明发生了技术进步、生产规模扩大等正面影响，使生产率得到了提升；当全要素生产率（TFP）=1时，说明技术变化、生产规模变化等没有产生明显影响，使生产率没有发生变化；当全要素生产率（TFP）<1时，说明技术变化、生产规模变化等产生了负面影响，使生产率发生了恶化降低。

第二，当技术效率变化（EFFCH）>1时，说明发生了技术进步、管理改善等正面影响，使技术效率得到了提升；当技术效率变化（EFFCH）=1时，说明技术变化、管理措施等没有产生明显影响，使技术效率没有发生变化；当技术效率变化（EFFCH）<1时，说明技术变化、管理措施等产生了负面影响，使技术效率发生了恶化降低。

第三，当技术变化（TECH）>1时，说明技术在考察的年份实现了跨越，即实现了技术创新；当技术变化（TECH）=1时，说明技术在考察的年份没有质的变化，即没有实现技术创新；当技术变化（TECH）<1时，说明技术在考察的年份发生了停滞等不良影响，即没有实现技术进步。

第四，当规模效率变化（SECH）>1 时，说明发生了要素投入改变、投入增加等正面影响，使规模效率得到了提升；当规模效率变化（SECH）=1 时，说明在要素投入、投入数量等方面没有产生明显影响，使规模效率没有发生变化；当规模效率变化（SECH）<1 时，说明要素投入、投入数量等产生了负面影响，使规模效率发生了恶化降低。

第五，当纯技术效率变化（PEFFCH）>1 时，说明发生了技术创新等正面影响，使纯技术效率得到了提升；当纯技术效率变化（PEFFCH）=1 时，说明在技术变化等方面影响不明显，纯技术效率没有发生变化；当纯技术效率变化（PEFFCH）<1 时，说明技术变化等产生负面影响，使纯技术效率发生了恶化降低。

8 智慧城市评价实证分析——以武汉市智慧城市为例

武汉市是中国湖北省省会，中国中部地区的重要城市之一。在地理位置上，武汉市地处中国腹地中心，江汉平原东部，长江和汉江从城市中央川流而过。受其特殊地理位置的影响，武汉市航运发达、高铁密集，成为全国重要的水陆空综合交通枢纽之一，承东启西、接南转北。在科研教育上，武汉市高等院校、科研院所数仅次于北京市、上海市，居全国城市第三，是中国重要的科研教育基地之一。2013 年全市在校大学生和研究生总数已达到 118.33 万人，居世界第一。在经济发展上，武汉市是中国中部地区的经济中心、工业重镇，2014 年武汉市地区生产总值位列全国第八位。并且在高新技术产业上，以武汉市光谷、东湖高新技术开发区为代表的高新技术产业聚集区已成为中国高新技术产业发展的代表。

武汉市于 2011 年正式提出建设智慧城市，并成为家 863 智慧城市项目的 2 个试点城市之一。受益于其良好的经济发展状况、科研教育实力和高新产业聚集，武汉市的智慧城市建设已成为中国众多提出智慧城市构想的地区中发展势头较为突出的城市之一。因此，本文选取武汉市 2011—2013 年的智慧城市建设情况进行综合测评。

8.1 武汉市智慧城市建设现状

武汉市的智慧城市战略提出于 2010 年，以其雄厚的高新技术产业实力、科研创新实力等为基础，于 2011 年得到国家 863 智慧城市项目的支持，在科技部选定首批两个智慧城市试点城市时获得一席之地。在成为中国智慧城市建设的排头兵后，作为重点示范区，武汉市的智慧城市战略成了市政府的"十二五"规划纲要主要内容之一，并成为武汉市"十二五"期间的九大战略目标之一。武汉市智慧城市建设得到了政府的大力支持，武汉市委市政府成立了智慧城市建设领导小组，并将各领域专家、智慧城市建设涉及的主要参与主体都纳入智慧城市建设规划方案的设计中来。其中，主要的有两院院士也是智慧城市研究专家李德仁，通信行业龙头中国电信、移动、联通，武汉市经信委、市规划局，等等。

武汉市的智慧城市发展思路是"总体规划先行、行业应用并举"，智慧城市建设的总体规划的编制力争国际一流水平。为了实现总体发展目标，武汉市针对智慧城市"概念设计"进行第一个阶段的全球公开招标，并针对"总体规划与设计"进行第二个阶段的全球公开招标，委托编制《智慧城市概念设计方案》及《武汉智慧城市总体规划与设计方案》，这两个方案是国内首份具有战略前瞻性的方案。周翔是中国航天科工集团"智慧城市"总工程师，他介绍说，《武汉智慧城市总体规划与设计》方案囊括智慧城市建设的15个具体的专项规划：智慧社会综合管理与服务、国土规划、市政设施、旅游、公共安全、交通、城管、文化、教育、医疗卫生、环保、水务、食品药品监管、社区、物流15个具体专项规划。武汉市智慧城市概念设计中包括四个方面共14项应用。市政设施类：智慧交通，智慧市政管理，智慧节能；公共服务类：智慧政府服务，智慧医疗，智慧教育，智慧社区；社会管理类：智慧公共安全，智慧环境，智慧食品药品安全管理；产业发展类：智慧产业，智慧物流，智慧金融，智慧旅游。

武汉市的智慧城市建设建立在"中国云"的基本构想之上，从而打造智慧的基础设施、智能化的处理平台。在这个理念的指导下，武汉市建设了一套电子模拟展示系统，为智慧城市决策提供支持，并且打造用户体验系统来更加有效地服务民生工程。并且建设了四个示范应用工程，分别为：智能交通、城市基础设施、公共应急决策、能源与资源管理。突破智能感知、时空协同、泛在互联、数据活化、安全可信和服务发布六大关键技术。武汉市要构建"智慧"产业体系通过"智慧"产业体系带动物联网产业链、智慧软件产业和制造业发展,要构建"智慧"产业体系的基础就是培育具有核心竞争力的创新型企业。要做强智慧产业更要发挥技术优势,发挥光通信产业、激光产业等相关产业优势。目前,武汉智慧城市智慧医疗卫生、智慧教育和智慧社区等13个试点项目在建。武汉市智慧城市建设所取得的成就和特点可以概括为以下四个方面。

第一,基础先行,民生优先。按照"基础先行,民生优先"的原则,优先选择与民生息息相关的项目进行先行示范建设。据统计,2013年,民生项目占武汉市智慧城市应用示范项目投资的75%,从居民的穿衣吃饭,住宿出行等基本日常活动全覆盖到教育、医疗、养老等全方位建设服务,组织策划实施了多项便民项目,如"翼出行""智能公交""家事易"电子菜箱、"智能健康养老服务站"、电子学生证等服务,真正让居民感受到"智能改变生活"。目前,武汉市将创新的重点开展智慧小区、智能化居家养老在社区的集成应用,尝试利用新一代信息技术创新居家养老模式,组织实施居家养老智能社区示范试点。

第二,惠民、便民服务的效能提升。武汉市在2014年的智慧城市建设中,以信息惠民和便民服务为突破口,着重加以建设完善。武汉市建立"市民之家"门户网站,集中了六十余个行政审批和公共服务职能部门,开设了三百余个服务窗口,打通各部门间的信息壁垒,实现交流互通,使得四百余项行政审批和公共服务事项能够一站式办理。

第三,建设运营呈现多元化发展态势。武汉市的智慧城市建设以政府投资为引导,吸引大量社会资金进入,从而调动社会资本,加快城市建设进展,并为经济建设注入活力。并且在武汉市的智慧城市建设项目中,民生项目占到绝大多数,达到70%之多。

第四,技术标准体系较为完善。为了明确智慧城市建设的技术标准和要求,武汉市制定并下达了一系列规范指导文件,包括《智慧城市的名词术语》《智慧城市的需求》《智慧城市的体系架构与技术要求》《智慧城市的应用场景》等。同时针对专业应用领域,武汉市也制定了相关技术要求与测试规范,例如,智慧交通、智慧电网、智慧家居等领域。

8.2 数据的获得与处理

根据前文智慧城市三级评价指标体系的建立,和 DEA 分析的原理,本文在搜集 2011—2013 年原始数据的基础上,通过主成分分析法进行数据处理,最后获得用于 DEA 计算的面板数据。

8.2.1 原始数据的取得

根据前文的智慧城市三级评价指标体系,本文通过查阅相关统计资料、收集并整理有关数据,得到了武汉市 2011—2013 年智慧城市建设指标评价体系的原始数据。

数据来源包括 2011—2014 年的《中国统计年鉴》《中国城市统计年鉴》《中国科技统计年鉴》和《湖北省统计年鉴》《武汉市统计年鉴》。并通过实地调研的方法,对湖北省综合治理办公室、湖北省通信管理局、湖北省网通公司、武汉市政府、武汉市综合治理办公室、武汉市通信管理局、武汉市统计局、武汉市人事局、武汉市公交总公司等相关单位进行了实地走访调研,并采取发放问卷的方式调查普通市民对城市信息化等方面的意见感受,共发放 150 份,共收回 121 份问卷,有效问卷 108 份,获得了大量第一手数据。

本文所设计智慧城市投入产出评价指标体系是针对较为成熟的智慧城市进行可行评价研究,而对于初级阶段和正在建设中的智慧城市,部分深入衡量城市智慧性的指标难以适用。而且有鉴于现实的统计数据,本文所收集的数据覆盖了指标体系中的全部一级和二级指标,以及 112 项三级指标,见表 8-1。

8 智慧城市评价实证分析——以武汉市智慧城市为例

表 8-1　收集数据覆盖指标

一级指标	二级指标	三级指标
人力资本投入	人力资源规模	就业人口
		万人在校大学生数
		工业企业中 R&D 人员比例
		信息类从业人数
		万人科研、技术服务人数
	人力资源质量	大专及以上学历人数占所有就业人数比
		专业技术人员人数占所有就业人数比
		信息类从业人数占就业人数比
		高级职称人数占所有就业人数比
		国家重点实验室数量
	人力资源政策环境吸引力	单位从业人员年平均工资
		所在城市综合竞争力
基础设施建设	感知网络建设水平	视频监控覆盖率
		万人拥有监控探头数量
	宽带网络建设水平	光纤接入覆盖率
		无线网络覆盖率
		无线 WLAN 覆盖率
		户均网络带宽接入水平
		人均网络（域名）站点数量
	数据库建设水平	人均数据库数量
		数据库总字节数
	其他信息化基础设施	电脑普及率
		每百平方公里光缆长度
		万人拥有交换机数量
资金投入	基础设施建设资金投入	电信设施投资占 GDP 比重
		电信设施投资增长率
		科技支出占公共财政支出比重
		教育支出占公共财政支出比重

续表

一级指标	二级指标	三级指标
资金投入	产业发展资金投入	企业运营中R&D经费占总产值比重
		工业固定资产中电子信息业所占比重
		信息产业固定资产投资占社会固定资产投资比重
		人均信息产业投资额占人均收入比
		信息产业投资占GDP比重
		信息产业基本建设更新改造投资占社会固定资产投资比重
	智慧应用建设资金投入	政府信息化消费支出占财政支出比重
		人均信息消费占人均收入比
智慧政府	网上办公	政府部门网站建设率
		非涉密信息公开率
		行政审批网络化率
	社会管理服务	社交媒体等新兴移动通信技术普及率
		城市网格化管理的覆盖率
		社区信息服务系统覆盖率
		数字城管系统覆盖率
	公众参与	政府信箱建设率
智慧经济发展	城市经济实力	人均GDP
		城镇居民人均可支配年收入
		城镇人均年生活费支出
		人均工业总产值
		就业率
		第三产业所占比例
	智慧产业发展水平	高新技术产业总产值占GDP比重
		信息产业贡献率
		人均信息产业国内生产总值
		信息产业从业人数占总人口比
		高新技术产业贡献率
	企业信息化应用水平	企业网站建设率
		POS机普及率

续表

一级指标	二级指标	三级指标
智慧经济发展	研发能力与创新精神	GDP 中 R&D 经费支出所占比
		每百万人均商标数
		每万人科技成果数量
		每万人专利授予量
		每万人专利数申请量
		每万人发明专利拥有量
智慧生活	智慧教育	人均教育、文化支出占人均收入比
		教育支出占 GDP 比重
		数字图书馆建设率
		数字博物馆建设率
	智慧医疗	每万人拥有医院数
		每万人拥有医疗床位数
		网上预约挂号医院比例
	智慧交通	公交站牌电子化率
		城市道路传感器覆盖率
		ETC 系统覆盖率
		道路综合管理系统覆盖率
		市民交通诱导信息服从率
	智慧能源	单位 GDP 能耗
		新能源汽车比例
	智慧社区	社区信息服务系统覆盖率
		居民小区安全监控传感器安装率
		社区老人信息化监护服务覆盖率
		人均住宅面积
	智慧环境	建成区绿化率
		人均公园绿地面积
		空气质量优良率
		重点污染源监控比例
		废水处理率
		工业二氧化硫去除率
		工业污染粉尘去除率
		生活垃圾无害化处理率
		工业固体废物综合利用率

续表

一级指标	二级指标	三级指标
智慧人文素养	市民科学文化素养	大专及以上学历占总人口比重
		专业技术人员数占总人口比重
		每百万人拥有高校数
		人均公共图书馆藏书量
		百万人拥有艺术、文化馆数
		百万人拥有博物馆数
	市民生活信息化水平	市民上网率
		移动电话3G普及率
		社交媒体等新兴移动通信技术普及率
		移动电话普及率
		万人图书、报纸、期刊发行量
		人均邮电业务量
		人均信息化消费支出占人均支出比
		人均网购支出占人均支出比
	市民智慧生活感知	网络信息获取便捷性的满意度
		网络资费的满意度
		生活安全满意度
		公共部门服务便捷性满意度
		就医方便程度
		环境满意度
		食品安全满意度
		交通方便满意度

8.2.2 数据的主成分分析处理

根据DEA分析原理，智慧城市是一个投入和产出有多个变量的开放性系统，因此，必须在多个指标中选取出具有计算价值的指标。在指标选取过程中必须遵循着四个原则。

第一，选取指标的便于数值化。在进行智慧城市构建的资源配置上，指标的选取应是统计过程中经常能够用到过以及能够比较容易获取数据，这样才能够保证分析得以很好地进行下去。

第二，选取指标不宜过多。由于 C^2R 这一模型自身的特性，当每增加一个指标，决策单元的有效系数就会变大，指标数增加到一定程度，会使得决策单元有效偏大，甚至于接近1，这样对于分析结果会产生很大的偏差。因此在选取指标的同时需要选取能够反映系统实质性的重点指标。

第三，选取的指标具有较强的影响力。这里所谓的影响力即为所选的指标对分析评价结果能够产生较大的影响。

第四，指标体系具有统一性。即选取决策单元具有共同的指标要保证其统一性。因为在做评价分析的时候，决策单元之间存在着较大的差异，即使同一决策单元在不同的时间段指标内容也会有所区别。因此，在需要选取决策单元共同所拥有的指标，以确保指标具有统一性。

由上述几条原则可以看出，在选取指标构建相应的指标体系的时候，对于不同的分析所选取的指标要根据具体分析来确定。本文用主成分分析法对搜集所得的原始数据进行分析处理，以便获得计算所需面板数据。

（1）主成分分析法的基本原理。

主成分分析法是一种常见的数学方法，主要用于对数据进行降维处理。其基本思路是在数据采集后，对众多相互具有一定关联但又杂乱的原始数据进行重组，得到一组数量较少、互不相关的数据，从而替代原有指标数据。

主成分所代表的信息量是由线性组合中的方差量来度量的，设原始变量中的第一个线性组合的主成分指标数据为 F_1，表示为 $F_1 = a_{11}X_1 + a_{21}X_2 + \cdots + a_{p1}X_p$。若方差 $Var(F_1)$ 越大，则表示 F_1 所表示的信息越多。在科学研究中，通常希望主成分数据 F_1 能够代表更多的信息，所以在线性组合中所选的 F_1 应是所有线性组合中最大的，即为第一主成分。若 F_1 无法完全代表全部指标所表达的信息，则要选择第二个主成分指标 F_2。为了保证信息的全面性和独立性，F_1 中的指标信息则不可再出现于 F_2 中，即 F_2 与 F_1 之间要互不关联，且是与 F_1 所代表的线性组合之外的其他数据中线性组合方差最大的，即可称 F_2 位第二主成分。以此类推，F_1、F_2、$\cdots$、F_m 为原变量

指标 X_1、$X_2 \cdots X_p$ 第一、第二、…、第 m 个主成分。

$$\begin{cases} F_1 = a_{11}X_1 + a_{12}X_2 + \cdots + a_{1p}X_p \\ F_2 = a_{21}X_1 + a_{22}X_2 + \cdots + a_{2p}X_p \\ \quad\quad\quad\quad \cdots\cdots \\ F_m = a_{m1}X_1 + a_{m2}X_2 + \cdots + a_{mp}X_p \end{cases} \quad (8-1)$$

（2）数据处理。

本文所收集的数据覆盖了评价指标体系中的全部一二级指标，以及112项三级指标。因此，本文利用 SPSS 软件对所收集的数据进行主成分分析。

①人力资本投入主成分分析。

经 SPSS 软件的计算，人力资本投入提取1个主成分，所得的成分得分系数矩阵见表8-2。

②基础设施建设主成分分析。

经 SPSS 软件的计算，基础设施建设提取1个主成分，所得的成分得分系数矩阵见表8-3。

③资金投入主成分分析。

经 SPSS 软件的计算，资金投入提取2个主成分，所得的成分得分系数矩阵见表8-4。

④智慧政府主成分分析。

经 SPSS 软件的计算，智慧政府提取1个主成分，所得的成分得分系数矩阵见表8-5。

⑤智慧经济发展主成分分析。

经 SPSS 软件的计算，智慧经济发展提取2个主成分，所得的成分得分系数矩阵见表8-6。

⑥智慧生活主成分分析。

经 SPSS 软件的计算，智慧经济发展提取2个主成分，所得的成分得分系数矩阵见表8-7。

⑦智慧人文素养主成分分析。

经 SPSS 软件的计算，智慧人文素养提取 2 个主成分，所得的成分得分系数矩阵见表 8-8。

（3）数据汇总。

在对收集所得的原始数据经 SPSS 软件进行主成分分析得出成分得分系数后，将收集所得的原始数据和成分得分系数代入公式（8-1）中求解，即可获得武汉市 2011—2013 年智慧城市建设的主成分数据，汇总后见表 8-9。

表 8-2　人力资本投入成分得分系数矩阵

人力资本投入	成分系数
就业人口	0.107
万人在校大学生数	0.106
工业企业中 R&D 人员比例	0.106
信息类从业人数	0.107
万人科研、技术服务人数	0.107
大专及以上学历人数占所有就业人数比	0.107
专业技术人员人数占所有就业人数比	0.106
信息类从业人数占就业人数比	0.102
高级职称人数占所有就业人数比	0.077
国家重点实验室数量	0.107
单位从业人员年平均工资	0.106
所在城市综合竞争力	0.106

表 8-3　基础设施成分得分系数矩阵

基础设施建设	成分系数
视频监控覆盖率	0.128
万人拥有监控探头数量	0.128
光纤接入覆盖率	0.124
无线网络覆盖率	0.127
无线 WLAN 覆盖率	0.127
户均网络带宽接入水平	0.128

续表

基础设施建设	成分系数
人均网络（域名）站点数量	0.127
人均数据库数量	0.124
数据库总字节数	0.128
电脑普及率	0.128
每百平方公里光缆长度	0.124
万人拥有交换机数量	0.127

表8-4 资金投入成分得分系数矩阵

资金投入	成分1	成分2
电信设施投资占GDP比重	−0.128	0.110
电信设施投资增长率	0.140	−0.043
科技支出占公共财政支出比重	0.134	−0.083
教育支出占公共财政支出比重	0.080	−0.209
企业运营中R&D经费占总产值比重	0.136	−0.073
工业固定资产中电子信息业所占比重	0.108	0.164
信息产业固定资产投资占社会固定资产投资比重	0.127	0.112
人均信息产业投资额占人均收入比	0.131	0.096
信息产业投资占GDP比重	0.127	0.112
信息产业基本建设更新改造投资占社会固定资产投资比重	−0.032	0.247
政府信息化消费支出占财政支出比重	0.029	0.248
人均信息消费占人均收入比	−0.128	0.110
电信设施投资占GDP比重	0.140	−0.043

表8-5 智慧政府成分得分系数矩阵

智慧政府	成分系数
政府部门网站建设率	0.248
非涉密信息公开率	0.254
行政审批网络化率	0.254
社交媒体等新兴移动通信技术普及率	0.252

续表

智慧政府	成分系数
城市网格化管理的覆盖率	0.246
社区信息服务系统覆盖率	0.253
数字城管系统覆盖率	0.254
政府信箱建设率	0.252

表 8-6 智慧经济发展成分得分系数矩阵

智慧经济发展	成分 1	成分 2
人均 GDP	0.029	0.449
城镇居民人均可支配年收入	0.062	0.028
城镇人均年生活费支出	0.062	0.032
人均工业总产值	0.054	−0.255
就业率	0.062	−0.041
第三产业所占比例	−0.060	−0.137
高新技术产业总产值占 GDP 比重	0.062	0.025
信息产业贡献率	0.056	−0.221
人均信息产业国内生产总值	0.062	−0.074
信息产业从业人数占总人口比	0.062	−0.067
高新技术产业贡献率	0.061	0.095
企业网站建设率	0.061	−0.093
POS 机普及率	0.061	−0.111
GDP 中 R&D 经费支出所占比	0.045	0.352
每百万人均商标数	0.062	−0.027
每万人科技成果数量	0.062	0.000
每万人专利授予量	0.062	−0.005
每万人专利数申请量	0.062	0.061
每万人发明专利拥有量	0.029	0.449

表8-7 智慧生活成分得分系数矩阵

智慧生活	成分1	成分2
人均教育、文化支出占人均收入比	−0.044	0.246
教育支出占GDP比重	−0.057	0.056
数字图书馆建设率	0.057	0.026
数字博物馆建设率	0.019	0.361
每万人拥有医院数	0.057	0.050
每万人拥有医疗床位数	0.056	−0.096
网上预约挂号医院比例	0.058	−0.011
公交站牌电子化率	−0.051	−0.178
城市道路传感器覆盖率	0.058	−0.003
ETC系统覆盖率	0.057	−0.066
道路综合管理系统覆盖率	0.057	0.069
市民交通诱导信息服从率	0.057	0.026
单位GDP能耗	−0.048	0.206
新能源汽车比例	0.058	0.006
社区信息服务系统覆盖率	0.053	0.146
居民小区安全监控传感器安装率	0.057	−0.047
社区老人信息化监护服务覆盖率	0.053	−0.147
人均住宅面积	0.057	0.026
建成区绿化率	0.048	0.213
人均公园绿地面积	−0.057	0.017
空气质量优良率	−0.044	0.246
重点污染源监控比例	−0.057	0.056
废水处理率	0.057	0.026
工业二氧化硫去除率	0.019	0.361
工业污染粉尘去除率	0.057	0.050
生活垃圾无害化处理率	0.056	−0.096
工业固体废物综合利用率	0.058	−0.011

表 8-8 智慧人文素养成分得分系数矩阵

智慧人文素养	成分 1	成分 2
大专及以上学历占总人口比重	0.098	-0.098
专业技术人员数占总人口比重	0.101	0.074
每百万人拥有高校数	0.097	-0.105
人均公共图书馆藏书量	0.047	-0.264
百万人拥有艺术、文化馆数	0.067	0.226
百万人拥有博物馆数	0.103	0.035
市民上网率	0.103	-0.030
移动电话 3G 普及率	0.103	0.041
社交媒体等新兴移动通信技术普及率	0.102	0.055
移动电话普及率	0.010	0.294
万人图书、报纸、期刊发行量	0.092	0.137
人均邮电业务量	0.080	-0.190
人均信息化消费支出占人均支出比	0.104	-0.012
人均网购支出占人均支出比	0.098	-0.093
网络信息获取便捷性的满意度	0.000	0.000
网络资费的满意度	0.097	-0.102
生活安全满意度	0.000	0.000
公共部门服务便捷性满意度	0.000	0.000
就医方便程度	0.000	0.000
环境满意度	0.103	-0.030
食品安全满意度	0.103	0.041
交通方便满意度	0.102	0.055

表 8-9　武汉市 2011—2013 年智慧城市建设主成分数据

智慧城市建设主成分		2011	2012	2013
投入要素	人力资本投入	4876.825	5237.771	5826.515
	基础设施建设	274.1879	444.5211	566.1319
	资金投入（成分1）	0.021284	0.037203	0.053617
	资金投入（成分2）	0.023358	0.00121	0.015419
产出成果	智慧政府	0.657091	0.816913	0.954824
	智慧经济发展（成分1）	11138.44	12014.16	13004.06
	智慧经济发展（成分2）	11172.51	18234.63	10652.98
	智慧生活（成分1）	3.424867	3.909965	4.449866
	智慧生活（成分2）	3.682402	4.18827	4.088477
	智慧人文素养（成分1）	180.4798	212.4124	209.7496
	智慧人文素养（成分2）	324.2066	370.1028	360.667

8.3　武汉市智慧城市建设效率的 DEA 测量

8.3.1　决策单元的选取

对于确定评价对象，即对决策单元的选取，需要遵循一定的基本原则，即所选取的决策单元必须具有在相同的外部环境下具有相同的目标和任务，并且还需要有相同的投入和产出指标。

根据前文所述，在智慧城市建设评价中，决策单元的选取可以使用纵向比较、横向比较和横向纵向综合比较三种方式来进行操作。因此，本文根据数据可得性以及相关指标数据化的原则，智慧城市建设评价中的决策单元选择采用纵向比较方式，选取了武汉市 2011—2013 年三年的智慧城市建设情况作为评价的决策单元，以分析武汉市在此三年里的智慧城市建设效果。

8.3.2 武汉市智慧城市建设的投入产出效率评价

本文选用 DEA 方法中的 C^2R 模型和 Malmquist 指数法对武汉市智慧城市建设的效率进行评价。

(1) 建立 DEA 模型。

C^2R 模型可以用来评估武汉市各个年份智慧城市建设"技术有效"和"规模有效"的模型。由于利用线性规划以及对决策单元弱 DEA 有效性条件很难进行直接的判断,因此,为了在技术上便于操作,对原有的式子 (8-3) 进行对偶变换,并引入相关的非阿基米德无穷小系数,从而非阿基米德无穷小的基于输入的 C^2R 模型。本文主要是从 2011—2013 年三年间武汉市作为评价决策单位,每个年份智慧城市建设投入以 S^- 来表示,而产出用 S^+ 来进行表示,最终的评价结果则是用 θ 来表示,并建立起非阿基米德无穷小的基于输入的 C^2R 模型,具体如下。

$$\min[\theta_{j0} - \varepsilon(\hat{e}^T S^- + e^T S^+)]$$

$$s.t. \begin{cases} \sum_{j=1}^{n} X_j \lambda_j + S^- = \theta_{j0} X_{j0} \\ \sum_{j=1}^{n} Y_j \lambda_j - S^+ = Y_{j0} \\ \lambda_{j0} \geq 0, \quad j = 1, 2, \cdots, n \\ S^- \geq 0 \\ S^+ \geq 0 \end{cases} \quad (8-2)$$

其中,θ 为决策单元投入产出的有效性,ε 则为阿基米德无穷小量,$S^- = (S_1^-, S_2^-, \cdots, S_m^-)^T$ 为 m 项输入松弛变量;而 $S^+ = (S_1^+, S_2^+, \cdots, S_s^+)^T$ 为 s 项输出的松弛变量,$\lambda = (\lambda_1, \lambda_2, \cdots, \lambda_n)$ 为 n 个 DMU 的组合系数,$e = (1, 1, \cdots, 1) \in E^m$。

将模型进行求解,假设该模型的最优解为 λ^*,S^{-*},S^{+*},θ^*,由相关决策单元有效性定理可得:

①若 $\theta^* < 1$，则 DMU 为非 DEA 有效；

②若 $\theta^* = 1$，$e^T S^{-*} + e^T S^{+*} > 0$，则 DMU 仅为弱 DEA 有效；

③若 $\theta^* = 1$，$e^T S^{-*} + e^T S^{+*} = 0$，则 DMU 为 DEA 有效。

在智慧城市建设程度评价中，首先对智慧城市建设中投入的各项指标 $X_i = (x_{1i}, x_{2i}, \cdots, x_{mi})^T$，$i = 1, 2, \cdots, m$ 作为模型的投入项，诸如人、物和财等方面的指标，而 $Y_j = (y_{1j}, y_{2j}, \cdots, y_{mj})^T$，$j = 1, 2, \cdots, n$ 作为模型的产出项，假设智慧城市在建设过程需要各种投入、贡献从而能够全面推动智慧城市建设发展的一个产出过程，通过 DEA 模型的计算可以得出智慧城市建设的发展指数，记作 $\theta = (\theta_1, \theta_2, \cdots, \theta_n)$。通过对每个决策单元的有效性进行评价，可以得出相应的发展指数，从而得出整个城市智慧建设的发展程度。

（2）DEA 模型计算。

利用经主成分分析法筛选后取得的数据，汇总决策单元投入产出的历史数据，见表 8-10。

表 8-10　武汉市 2011—2013 年智慧城市建设系统的投入产出出指标

决策单元		武汉 A（2011）	武汉 B（2012）	武汉 C（2013）
投入	人力资本投入	4876.825	5237.771	5826.515
	基础设施建设	274.1879	444.5211	566.1319
	资金投入（成分1）	0.021284	0.037203	0.053617
	资金投入（成分2）	0.023358	0.00121	0.015419
产出	智慧政府	0.657091	0.816913	0.954824
	智慧经济发展（成分1）	11138.44	12014.16	13004.06
	智慧经济发展（成分2）	11172.51	18234.63	10652.98
	智慧生活（成分1）	3.424867	3.909965	4.449866
	智慧生活（成分2）	3.682402	4.18827	4.088477
	智慧人文素养（成分1）	180.4798	212.4124	209.7496
	智慧人文素养（成分2）	324.2066	370.1028	360.667

利用表 8-10 中的数据，运用上述非阿基米德无穷小的 C^2R 模型，通过

MaxDEA 软件对上述指标体系模型进行求解，最后得出的结果见表 8-11。

表 8-11 各决策单元的计算结果

决策单元	s^{-1}	s^{-2}	s^{-3}	s^{-4}	s^{+1}	s^{+2}	θ
武汉 A	274.1879	0.021284	0.023358	3.424867	3.682402	0.657091	1
武汉 B	444.5211	0.037203	0.00121	3.909965	4.18827	0.816913	1
武汉 C	566.1319	0.053617	0.015419	4.449866	4.088477	0.954824	1

以上的分析结果可以显示出，武汉市三年中在不同的资源配置下所获得的效率值。从结果中发现，各决策单元的有效性均为 1，说明各决策单元均是有效的，因此可以认为经过优化和筛选的指标是合理有效的。

同时利用由 Färe et al.（1994）构建的基于 DEA 的 Malmquist 指数方法来计算武汉市在构建智慧城市的过程中全要素生产率（TFP）等效率的变动，该指数大于 1 时，表明从 t 时期到 t+1 时期智慧城市建设是存在效率的。运用 DEAP 软件对表 8-10 进行分析，结果见表 8-12。

表 8-12 武汉市建设智慧城市的 TFP 变化率及分解

地区	Effch 技术效率变化	Techch 技术创新变化	Pech 纯技术效率变化	Sech 规模效率变化	Tfpch 全要素生产率变化
武汉市	1.000	0.804	1.000	1.000	0.804

8.4 测量结果分析

通过上文建立起来的智慧城市投入产出指标体系和 DEA 模型，并利用所收集到的武汉市 2011—2013 年智慧城市建设相关数据进行测量评估。在运用 MaxDEA 软件和 DEAP 软件进行计算后，我们根据计算所得数据可以得出三点结论。

第一，运用所建立的非阿基米德无穷小的 C^2R 模型，通过 MaxDEA 软件对经主成分分析后的数据进行计算可以看出，武汉市在 2011—2013 年间的智慧城市建设是相对有效的。

第二，运用基于 DEA 的 Malmquist 指数方法，通过 DEAP 软件对经主成分分析后的数据进行计算可以看出，武汉市 2011—2013 年间的智慧城市建设生产效率是逐步降低的。

第三，武汉市 2011—2013 年间的智慧城市建设生产效率逐步降低的主要原因，是三年间的技术创新变化（TECHCH）存在逐步降低的现象，而与此同时技术效率变化（EFFCH）没有发生改变。

（1）C^2R 计算分析。

从表 8-11 中可以看出，武汉 A（2011）、武汉 B（2012）、武汉 C（2013）三个决策单元的有效性均为 1，即 $\theta_A=1$、$\theta_B=1$、$\theta_C=1$，说明各决策单元均是有效的。

这说明武汉市在 2011—2013 年间在智慧城市建设过程中，虽然在同一时期不同建设方面的资源配置不同，不同时期相同建设方面的资源投入变化也不同，但是总体来说武汉市三年间的智慧城市建设工作是有效的。这也表明了武汉市的智慧城市建设情况，是与武汉市近年来大力发展城市基础设施建设、信息化基础设施建设、高新产业发展等现实状况是基本是吻合的。

（2）Malmquist 指数分析。

从表 8-12 中可以看出，武汉市在 2011—2013 年间的智慧城市建设生产率为正，说明武汉市三年间的智慧城市建设生产系统是在不断地生产、成长中，但其中也存在一定问题。

第一，全要素生产率变化（TFPCH）值为 0.804 小于 1，说明在 2011—2013 年间武汉市的智慧城市建设生产效率在逐步降低。这反映出武汉市在这三年间的智慧城市建设活动中，通过大规模的基础设施建设、高新技术的研发与应用、产业的调整与发展等而带来的建设成效是逐步降低的。

另外，全要素生产率变化（TFPCH）= 技术效率变化（EFFCH）×技术创新变化（TECHCH），而技术效率变化（EFFCH）= 1、技术创新变化

(TECHCH) = 0.804，所以武汉市在这三年间的智慧城市建设活动中，建设生产效率逐步降低的原因是技术创新变化（TECHCH）的逐步降低。

第二，技术效率变化（EFFCH）值为1，说明2011—2013年间武汉市的智慧城市建设中，技术效率没有发生变化。技术效率是指由科技含量带来的生产成效，在生产活动中通常是指在管理方法或引进新技术等方面提升企业生产效率。因此，这反映出武汉市在这三年间的智慧城市建设活动中，通过使用科技含量较高的管理方法或高新技术等而带来的建设成效没有发生变化。

另外，技术效率变化（EFFCH）＝纯技术效率变化（PECH）×规模效率变化（SECH），而纯技术效率变化（PECH）＝1、规模效率变化（SECH）＝1，所以武汉市在这三年间的智慧城市建设活动中，技术效率没有发生变化的原因是纯技术效率和规模效率没有发生变化。

纯技术效率是企业由于管理和技术等因素影响的生产效率，规模效率是由于企业规模因素影响的生产效率。在武汉市智慧城市建设这个生产系统中，纯技术效率和规模效率没有发生变化，说明影响纯技术效率的城市管理、高新技术的应用等方面，在智慧城市建设过程中发挥的作用并没有发生明显变化；而影响规模效率的城市扩张、大规模基础设施建设、信息化设施建设等方面，在智慧城市建设过程中发挥的作用也没有发生明显变化。

第三，技术创新变化（TECHCH）值为0.804小于1，说明在2011—2013年间武汉市的智慧城市建设中，通过技术创新而带来的建设成效逐步降低。这反映出武汉市在这三年间的智慧城市建设活动中，新技术的开发应用以及对城市建设的影响等在逐步降低。

在武汉市智慧城市建设这个生产系统中，新技术的开发应用以及对城市建设的影响等逐步降低，说明影响新技术开发应用以及发挥相应作用的相关因素，在城市建设过程中受到的重视程度、所占资源配置比例等方面可能有所下降，或相较于其他因素而言相对提升不足，例如影响新技术开发的人力资本方面、相应配套制度建设方面等。

8.5 武汉市智慧城市建设的政策建议

武汉市在 2011—2013 年间智慧城市建设的生产活动中,建设生产效率逐步降低是因为技术创新变化的逐步降低,且纯技术效率和规模效率没有发生变化。造成这些现象发生的原因可能是城市管理、高新技术的应用、信息化设施建设等方面,在智慧城市建设过程中发挥的作用也没有发生明显变化;而与此同时,影响新技术开发的人力资本投入、相应配套制度建设、技术转化路径等方面,在城市建设过程中受到的重视程度等可能有所下降。针对这些问题,本文认为武汉市的智慧城市建设应着重提升城市建设的有效性,避免重复建设和资源浪费;提升技术创新能力,提高技术创新效率和技术转化能力。具体建议如下。

8.5.1 发挥武汉特色,打造创新人才高地

技术创新的关键因素就是技术创新型人才。近年来,我国高度重视技术创新型人才的培养工作,实施了科教兴国与人才强国等战略,更提出创新是一个民族进步的灵魂。为此,武汉市必须加大技术创新型人才培养的力度,打造武汉市创新人才的高地。

(1)发挥科教、产业优势,夯实创新人才基础。

武汉市地处中国腹地中心地带,自古以来武汉市就是中国重要的文化和经济中心之一。长江和汉江从城市中川流而过,使得武汉市航运发达、交通便利,目前,武汉市科教资源丰富、产业技术发达,要充分发挥在科教、技术、产业等方面的优势,为武汉市打造创新人才高地提供坚实的基础。

第一,在教育和科研领域,武汉市创新资源丰富。武汉市是国家重要的科教基地之一,科教综合实力居全国大城市第三位。拥有包括武汉大学、华中科技大学等 78 所普通高校,近百万在校大学生,56 名两院院士,800 多个研发机构,20 个国家重点实验室,20 个工程技术研究中心,15 个

国家级企业技术中心，56家中央及省属科研院所，37个省级重点实验室和工程研究中心，创新资源丰富。其中，东湖高新区是我国第二大智力密集区，在光通信、生物工程、激光、微电子技术和新型材料等领域，科技研发实力居全国前列。

第二，在高新技术产业领域，武汉市产业实力雄厚。武汉市光通信产业在全国具有领先地位，光纤光缆的生产规模居全球第一，国内市场占有率达50%，国际市场占有率为20%；武汉市建有国内最大的光电器件生产基地，光电器件的国内市场占有率达60%，国际市场占有率为6%；武汉市还有国内最大的激光装备研发生产基地（激光装备的国内市场占有率达50%）、国内最大的光纤传感产业基地（理工光科）和国内最大的防伪标识产业基地（华工图像）。2008年，国家科技部批准在东湖高新区建设国家地球空间信息产业化基地。

（2）加强创新能力培训，保障创新人才供给。

武汉市拥有高等院校80多所，在中国仅次于北京；其高等院校、科研院所数仅次于北京市、上海市，居全国城市第三位；大学生数量愈100万人，居全球城市第一。武汉市要充分利用丰富的科教资源，培养大学生的创新能力，为武汉市打造创新人才高地提供取之不尽的人力资源。

第一，在高等院校方面，要营造技术创新的氛围。技术创新教育应该贯彻整个大学教育的过程。通过开办专业课程、举办讲座、与企业联合组织技术创新大赛、加强技术创新专家指导志愿团的建设来提升在校大学生技术创新性的积极性与实力。

第二，在政策支持方面，要鼓励技术创新的探索。政府和高校要鼓励大学生的技术创新探索，保护大学生的技术创新所得。围绕大学生技术创新成本，从资金、贷款、财政补贴、专利注册等给予一系列的政策优惠；针对大学生技术创新所得，从荣誉、奖励、专利等给予一系列的鼓励措施。

（3）搭建创新发展平台，优化人才发展环境。

武汉市拥有丰富的科教资源，雄厚的产业实力，要为其中的科研工作者搭建完善的发展平台，营造良好的发展环境，为武汉市打造创新人才高地注入源源不断的动力。

第一，在科研平台方面，要保证科研工作需求。要加大财政投入，加强高等院校、科研机构的重点实验室建设，为科研人员参与技术创新实践提供一个好的环境。鼓励高科技企业建立专业性的研发机构，对其建立的研究机构实施财政补贴。对于高端科技创业孵化基地给予税收减免的支持。

第二，在生活保障方面，要解决人才后顾之忧。政府和科研单位分工合作，要为技术创新型人才提供完善的生活保障，如提供购房补贴、提供户口迁移许可，解决高层次人才在子女依托、入学、医疗等社会保障，并鼓励技术创新型人才对企业实行技术入股，降低人才流动性。

8.5.2 健全融资体系，营建创新产业基地

充裕的资金支持是技术创新的基本保障条件之一。近年来，中国面临产业结构调整、产业升级的巨大压力，从传统产业向高新技术产业的升级，以及对传统产业的技术创新、信息化改造，是中国进一步发展的必然要求。为此，武汉市必须健全融资体系，为产业的发展、高新技术产业集群的形成提供充足的资金保障。

（1）适应技术创新需求，构建多层次投融资体系。

武汉市是中国重要工业基地之一，拥有钢铁、汽车、光电子、化工、医药等完整的工业体系，光谷、东湖高新技术开发区已成为中国知名的高新技术产业聚集区。武汉要满足科研单位和企业创新的资金需求，必须构建完善的投融资体系。

第一，在政府工作方面，要充分发挥服务和协调的功能。政府要做好企业技术创新与政策性银行——国家开发银行、国家发展银行、国家进口银行的衔接与协调工作。协调银行对战略性新兴产业技术创新进行国家性政策贷款的支持，同时做好相应的推荐、担保、贴息以及跟进辅导工作，来保证技术创新资金的需求。

第二，在金融机构方面，要鼓励创新商业模式和金融工具。金融机构要逐步探索对战略性新兴产业的企业实行技术创新的信贷模式与机制，创新技术创新担保贷款、技术信用贷款等业务。鼓励地方设立战略性新兴产业技术创新型小额贷款公司。

第三，在高新企业方面，要鼓励相互合作、持股的发展模式。高新企业之间要探索新型的合作模式，鼓励高新企业之间相互持股，以满足技术创新资本的需求。性质相近的高新企业之间彼此熟悉，相互持股不仅会降低投资风险，这一制度更是对中小企业的发展与市场金融体系的建立与完善都有重要意义。

（2）完善产权交易市场，推动高新技术企业上市。

产权交易市场具有多样的交易品种、丰富的企业信息资料和大量的投资队伍。产权交易市场不仅是地方性资本市场的重要组成部分，也是拓宽中小型企业的有效平台之一。武汉市要完善相关的制度规范，引导产权交易市场发展，推动高新企业上市，为创新产业发展扩宽融资渠道。

第一，在政府工作方面，要充分发挥服务和监管的功能。武汉市的产权交易市场与沿海发达地区相比仍存在一定差距，产权交易公司与经纪人比较缺乏，市场监管工作不力。政府要提升对产权交易市场的服务和监管能力，做到有章可循、专人专办，促进高新技术企业的发展。

第二，在高新企业方面，要积极追求上市的能力和机会。高新企业要在实现不断发展、提升自身实力的同时，积极寻求利用证券市场的中小板、创业板等来实现公开上市，从而拓宽融资渠道，实现更大发展。

8.5.3 完善相关制度，保障创新活动热情。

完善的制度规范是保障技术创新积极性的基本条件之一。自十八大以来，中国明确提出要建设法治国家，法律规范将融入社会的方方面面。出于对创新型国家的建设，中国对于知识产权的保护更是受到了前所未有的重视。为此，武汉市必须完善相关政策制度，为社会中的创新活动提供有效保护，保障社会创新活动的热情。

（1）加强产学研合作机制，催生创新活动热情。

武汉市科研资源丰富，产业实力雄厚，有着天然的产学研合作基础。高新企业通过产学研合作来获得新技术与新产品，在企业的发展之路上占据着重大意义。同时，新技术与新产品在企业中得到商品化，也使得创新研发者获得了丰厚的报酬，催生了创新活动的热情。因此，武汉市要发挥自身优势，加强产学研合作，不断催生出创新的热情。

第一，在政府工作方面，要促进产学研合作发展。政府应该充分利用自己的职能，发挥出协调者的作用，制定有利于产学研合作开展的政策法规，来引导产学研的合作；并通过税收优惠、财政补贴等政策的运用，进一步促进产学研的发展。

第二，在市场发展方面，要发挥中介组织积极作用。现代市场中的科技孵化器、咨询公司、产业联盟等中介组织是沟通企业和科研单位之间的天然桥梁，要通过这些中介组织积极作用的发挥，将科研单位研发的技术成果在企业中商品化、市场化，促进产学研的发展。

（2）完善知识产权保护制度，保障创新活动利益。

由于历史原因，我国专利、商标、版权等知识产权分别由国家知识产权局、国家市场监督管理总局、国家版权局等多个政府部门管理。另外，商务部、科技部、公安部、海关总署等部门也有各种领域的知识产权行政管理职能。因此，地方知识产权行政管理体系比较混乱。而知识产权是保护创新活动者利益的重要途径之一，因此，武汉市要根据自身的现实状况，完善本地知识产权保护制度，为社会创新活动提供有力保护。

第一，在制度完善方面，要协调、补充原有机制。知识产权在多部法律法规中均有规定，在多部门管理工作中皆有涉及，这是历史原因所造成的固有局面，给知识产权管理工作带来了很多不便。因此，武汉市在制定地方法规等规章制度时，应注重对这多方面的知识产权管理规定进行协调、补充，为知识产权保护做出坚实依据。

第二，在政府工作方面，要服务、协调工作并重。受历史原因的影响，地方知识产权管理、保护工作政出多门，是中国知识产权保护工作不力的重要原因之一。因此,武汉市政府在知识产权管理、保护工作中,要注重对涉及知识产权管理工作的单位进行统一协调,置于与管理、服务社会知识产权工作并重的高度,使知识产权的管理和保护工作能真正落实。

8.5.4 布局整体建设,实现重点领域突破

整体布局是实现智慧城市建设全面展开、有序进行的前提保障;在重点地区、重点领域实现重点建设突破,能够为智慧城市建设起到带头引领作用,提升城市建设效率。为此,武汉市要做出智慧城市建设的详细规划,并在科学论证的基础上有效分配资源,并选择重点区域、重点领域作为试点,加大资源投入和政策支持,实现重点突破。

(1) 作出详细建设规划,选择试点建设区域。

武汉市城市规模较大,相对于沿海省份等发达地区而言,在经济发展和信息化水平方面还不高,不宜采取全面推进的建设模式。而且武汉市地辖武昌、汉口、汉阳三镇,市区总面积达到8494.41平方千米,常住人口达到900万,城市规模和人口居全国城市前列。因此,武汉市要根据自身的现实状况,对城市建设做出详细规划,为智慧城市建设提供顶层设计。

第一,在规划方面,要有整体布局。政府应在城市建设的规划上作出整体布局,做到先后有序、主次分明,对城市建设的各个方面进行有效协调,避免重复建设现象的发生,提高城市建设的有效性。

第二,在试点方面,必须主次分明。政府应在智慧城市建设过程中,首先选择经济条件好、基础设施条件优良、信息化水平发达的地区作为试点,对这些区域的城市信息化建设加大资源投入,对其高新技术产业加强政策扶持,对其中的居民加强宣传与教育、科学文化培训,使试点地区成为武汉市智慧城市建设的领头羊。

(2) 选择智慧建设重点,实现领域发展突破。

智慧城市建设是一个庞大的系统工程,涉及城市运行、发展的方方面面,其建设投入的领域和产出的成果都会产生深远影响。武汉市作为一个地域面积广阔、人口密集众多的城市,在城市建设中难以做到全面、快速

的推进，并取得良好的效果。因此，武汉市要根据自身的现实状况，对城市建设中的重点领域实施重点推进，发挥优势领域的特长，快速实现领域发展的突破。

第一，在重点建设领域上，选择智慧交通作为突破口。作为"九省通衢"，武汉市曾经凭借其优越的区位优势，在我国历史上占据重要位置。如今，中部崛起战略的实施和深化、高铁枢纽地位的确立，都进一步加深了武汉市作为国家重要交通枢纽的优势地位。因此，通过智慧交通的建设，解决城市交通拥堵、实现交通管理信息化，成为武汉市智慧城市建设的理想突破口。

第二，在重点产业发展上，选择信息产业作为突破口。作为国家传统的工业基地，武汉市内及周边拥有完整的工业体系。近年来，随着光谷、东湖高新技术开发区成为国家信息化产业的重要聚集地之一，高新技术产业已逐渐成为武汉的支柱产业之一。因此，通过对信息产业、光电产业等高新新技术产业发展的投入和支持，加快经济结构调整和经济发展转型，成为武汉市智慧城市建设中产业发展的理想突破口。

9 总结与展望

9.1 主要结论

智慧城市是一个新生事物，是一种全新的城市发展阶段。理解智慧城市的价值，认识其潜在的风险，并对智慧城市进行评价研究都是新的课题。从目前已经发布的国内外智慧城市评价体系来看，虽取得了不少成果，但也存在着许多问题，如评价指标过少，不能全面反映城市发展的全貌；或者没有公开指标的来源，显得可信性不足，可操作性不强；又或者要么缺乏一套切实可行的计算方法，对智慧城市建设情况进行客观的定量测算，要么或者采用算术平均赋权法，科学性值得商榷。

在对智慧城市的价值和风险进行充分的研究和论证之后，为了弥补当前智慧城市评价体系诸多缺陷的考虑，本文从生产系统的角度出发，以投入产出理论为基础建立一套评价指标体系，并首次将 DEA 相关理论运用于智慧城市评价研究领域当中，引入了 C^2R 模型和 Malmquist 生产率指数评判法，成功构建了一套完整的智慧城市评价体系。本研究所取得的主要研究成果如下。

第一，剖析了智慧城市的功能价值。城市快速扩张带来日益突出的城市病，而智慧城市的新型功能对于解决当前城市发展面临的迫切问题，提升城市管理效能，提高公共服务水平，促进城市经济发展等具有重要意义。因此，本文基于城市价值链理论，并结合国内外学者近年来关于智慧城市价值分析的研究成果，将智慧城市的价值划分为形态价值和功能价值两大类：一方面，智慧城市塑造了全新城市形态，具体表现为优化城市空间结构和推动"低碳、生态、绿色"城市发展；另一方面，智慧城市促进了城市经济、服务和民生价值的升级和提高，具体表现为产业结构转型升级和城市经济的增长、公共服务质量提升和城市问题的改善、市民生活品质提高和人的全面发展。

第二，探讨了智慧城市建设的潜在风险。智慧城市的建设是一个复杂且庞大的系统工程，是对城市经济、公共服务、市民生活等多方面的创新和转型，这使得智慧城市的建设充满挑战性和未知性。因此，为充分把握城市的发展方向和潜在风险，本文通过对部分智慧城市建设案例的分析总结，将智慧城市建设的风险划分为理念风险、技术风险、产业风险和社会风险，具体涵盖11个方面。对此，本文认为建设智慧城市必须认清可能面临的各类风险，准确把握智慧城市的建设理念，结合城市自身的自然、经济、文化、政治等基础情况，努力完善发展所需的技术系统、产业基础以及社会氛围，以建设具有自身个性的智慧化城市。

第三，解析了智慧城市建设的投入要素和产出成果。本文将智慧城市的建设工作看作一个生产系统，通过各项资源的投入生产，最终建设出符合智慧要求、体现智慧特点、蕴含智慧价值的城市形态。因此，本文以投入产出理论为理论基础，将智慧城市的建设划分为投入要素和产出成果两大方面；综合运用了人力资本理论、主导产业扩散理论、产业结构演变理论等成熟的理论研究，并结合智慧城市的内在价值、表现特征、建设现状等，对智慧城市建设的投入要素和产出成果进行深入分析、论证。从而对智慧城市的投入要素和产出成果的构成做出了合理划分，共将其分为26个主要方面。

第四，建立了智慧城市投入产出评价指标体系。本文所建立的智慧城市投入产出评价指标体系是建立在国内外学者近年来的智慧城市评价研究成果之上，将国内外较有影响力的所有智慧城市评价指标体系融合在一起，建立原始指标库；然后在投入产出理论思想的指导下，从城市化评价、城市信息化评价研究中寻求帮助，提取通用性高、代表性强、具有可操作性的相关指标作为补充；最终本着全面性、代表性、可测量等原则，对各项指标筛选、总结而得。因此，本指标体系一方面实现了化主观为客观，成功解决了指标的可操作性问题；另一方面，由于综合了国内外数十个智慧城市评价指标体系的优点，并从城市化和城市信息化评价研究中提取补充指标，使得指标的选择非常具有代表性和普适性，明确了智慧城市评价的重点与核心。

第五，构建了智慧城市评价模型。本文首次将 DEA 相关理论运用于智慧城市评价研究领域中，证实 DEA 在智慧城市的投入产出评价体系中的可行性；再引入 C^2R 模型和 Malmquist 生产率指数评判法，从而构建了一套智慧城市评价模型。该模型不仅能够有效测评多个目标区域之间，或单个目标区域不同时期之间的智慧城市建设相对有效性，还能够测评目标区域在一段时期内智慧城市建设的全要素生产率变化（TFPCH）、技术效率变化（EFFCH）、技术创新（TECHCH）、纯技术效率变化（PECH）、规模效率变化（SECH），从而揭示出样本城市中的智慧城市建设差异及其背后的含义与启示。

第六，运用所建立的智慧城市评价体系进行了实证研究。本文选择武汉市为实例，运用已建立的评价指标体系和评价模型，对武汉市 2011—2013 年的智慧城市建设状况进行客观测评，发现武汉市在这三年中的智慧城市建设工作是相对有效的，但又存在着技术创新对智慧城市建设贡献率趋于下降的问题，并据此提出了相关政策建议。

本文的研究成果是对当前智慧城市评价体系研究的改进和完善，解决了现有研究中评价指标体系不够全面、操作性不强等问题，构建了一个可操作的评价模型。并且在以下三个方面取得了创新。

第一，研究视角的创新。目前有关智慧城市评价的研究工作大多是从城市信息化的角度入手，对智慧城市的成熟度进行评价。这种思路的研究着重于对城市建设所取得成果进行描述和测量，用以测评智慧城市的成熟度，但是忽视了城市建设中的另一个重要方面——资源投入。更重要的是，智慧城市的发展是建立在信息技术、物联网等的发展应用基础之上，并随之而变化的，所以目前并不存在统一的标准作为智慧城市的门槛，更不存在一个公认的智慧城市样本。因此,仅对智慧城市建设成果进行评价研究是不全面的,难以取得良好效果。本文从投入产出的视角出发进行智慧城市评价研究,对智慧城市建设中投入资源和所得成果进行全面测评,衡量城市建设效率,不仅能够更加全面地反映智慧城市全貌,还能够有效解决上述问题,弥补现有研究的缺陷。

第二,指标体系的创新。目前有关智慧城市评价的研究虽然取得了不少成功,建立了多个评价指标体系,但普遍存在指标数量过少、代表性不足,定性指标较多、可操作性不强等问题,使得这些指标体系在实际操作中具有一定难度。本文在借鉴、吸收现有智慧城市评价、城市化评价和城市信息化评价核心内容基础上,在 26 个主要方面,共用 175 项具体指标,从投入要素和产出成果的角度构建了智慧城市评价指标体系。该体系中的所有具体评价指标,均选用现有研究中共识度较高、普适性较强的指标,具有良好的代表性,其中,167 项为客观指标,从而使其在实际运用中具有较强的可操作性。

第三,评价方法的创新。目前,有关智慧城市评价方法的研究均以测评智慧城市成熟度为目标,大多采用算术平均法等较为简易的方法。而局限于智慧城市标准样本的缺失,从这种思路出发所建立的智慧城市平价模型和评价方法存在可用性不强、可信度不高等缺陷,其科学性有待商榷。本文从投入产出的角度出发,以测量智慧城市建设效率为目的进行评价工作,能够避免上述缺点,达到令人满意的效果。所建立的智慧城市评价模型以 C^2R 模型和 Malmquist 生产率指数评判模型为基础,能够有效进行多个目标区域之间,或单个目标区域不同时期之间的智慧城市建设相对有效性的测评,而且能够测评目标区域在一段时期内智慧城市建设的全要素生产率变化等,具有可用性强、可信度高等优势。

总的来说,本文建立的智慧城市评价指标体系的评估对象覆盖范围广泛,多为定量指标,客观性相对较强,且兼顾了一些定性指标,做到了硬件和软件并重,物理世界和人文关怀并重。本文构建的评价模型切实可用,操作性较强,而且不仅能够测评多个对象之间的相对有效性,还能测评目标在一段时间内的全要素生产率变化等。不仅取得了丰硕的研究成果，而且在研究视角、指标体系和评价方法上取得了创新，弥补了现有研究的不足。

本文所建立的评价体系不仅对我国的适用性很强，并且对信息化水平较高的发达国家仍然具有效度，具有很强的普适性。本文所构建的评价体系既没有照搬国外的经验，也没有脱离国际大背景闭门造车。本文在借鉴国外经验的基础上，从本国的国情出发，从城市发展的客观实际出发，制定了切实可行、科学有效的一套智慧城市评价体系。

9.2 研究展望

本文成功构建了基于投入产出视角的智慧城市评价体系，首次将DEA和Malmquist生产率指数评判法引入智慧城市评价领域，并通过对武汉市2011—2013年的智慧城市建设评价实例研究，验证了该评价体系的可靠性。

目前智慧城市评价研究在国内外都是学术界的热点，国内外所提出的指标体系已经有不少，但是或多或少都存在着一些缺陷，如代表性不足、可操作性不强等。而本文构建的评价体系建立在现有研究的基础之上，并进一步深入研究、验证，能够有效地弥补这些不足，使得全面性、普适性和可操作性成为其最大特点。

但是，本研究仍存在一些不足之处，有待于在今后的研究工作中进一步探索和深化。具体内容包括以下四个方面。

第一，本文以智慧城市建设的投入要素和产出成果为视角，着重对城市建设的有效性和建设生产效率进行测评。这虽然能更加全面描述智慧城建设的全貌，并有效进行效率测评的实际操作，但是无法准确反映智慧城市建设的成熟度和所处发展阶段，更没有提出一个科学的标准作为智慧城市的进入门槛。这个缺陷的弥补需要在智慧城市建设成熟度的研究上深入探索，并在未来的研究中关注信息技术、互联网技术等的发展现状，运用科学的方法提出一个可靠的标准。

第二，本文所构建的评价指标体系是用于智慧城市建设的各个阶段，具有通用性和前瞻性。但是就目前而言，全国范围内的智慧城市建设仍处于起步阶段，即使较为发达的西方国家也没有一个公认的智慧城市样板。因此，本文所建指标体系中的部分指标相较于现状而言具有超前性，在现实的城市建设中或刚刚起步、或难以统计，使得少部分指标难以在操作中取得可靠数据。这个缺陷的弥补需要在智慧城市建设中不断跟踪观测，调整部分指标使之能更为贴切的反映城市发展现状，并加强数据收集和统计，提高指标体系的可操作性。

第三，本文所构建的评价模型是用于测评多个对象间智慧城市建设的相对有效性和生产效率变化等，着眼于多目标间比较和一段时期内的建设效率变化，具有可操作性强、可信度高的优点。但是该方法只能用于多目标间的对比研究，用于衡量多个目标建设的相对效率和一段时期建设效率的变化情况，并不能对目标的绝对建设效率进行测评，也无法衡量目标的智慧城市发展成熟度。这个缺陷的弥补需要在未来的研究中加深对智慧城市建设成熟度评价的研究，并建立一个科学的标准用以衡量智慧城市的键入门槛和划分发展阶段，并在此基础上进行成熟度的测评方法研究和建设效率研究。

第四，本文所作的实证研究选择了武汉市为实例，而非严格意义上的大样本调查实证研究，而且仅以武汉市 2011—2013 年的智慧城市建设情况为样本，测评武汉市在此三年中的智慧城市建设有效性和建设效率变化等情况。并根据所收集到的数据进行了相关测评工作，所得结果显示了武汉市在此三年中的智慧城市建设是相对有效的，也发现了其中的一些问题。但是，武汉市的智慧城市建设于 2011 年才正式提出，在测评过程中只能以每一年为标准建立 3 个 DMU 进行研究，数量较少，这使得在运用 DEA 方法测评时会存在一定误差。而且在数据的收集过程中，部分指标在现实中并无公开数据可查，也无机构统计，这使得数据的统计和搜寻存在一定难度，无法获得所有指标的对应数据，给本次实例测评造成了一定瑕疵。这个缺陷的弥补一方面需要对多个测评对象进行选择、统计，在一定程度上增加测评对象数量，对多个 DMU 进行测评，发挥 DEA 方法的优势；另一方面，需要在未来的研究中加强与相关测评所涉及机构的合作，对相关指标所需数据进行日常统计汇总，提高测评工作的全面性和科学性。

针对本文的不足和研究过程中存在的瑕疵，在未来的智慧城市评价研究工作中，要着重在以下四个方面展开深入的研究和探讨，以求在对智慧城市的评价工作中取得更好的效果。首先，跟踪观测信息技术、互联网技术等的发展和现实应用，科学建立智慧城市建设的标准；其次，加深对智慧城市标准的认识和研究工作，在此基础上展开对智慧城市成熟度的评价指标体系研究；然后，在智慧城市成熟度标准和相关指标体系的基础上，运用科学的方法进行成熟度的测评方法研究和建设效率研究；最后，运用建立的智慧城市评价体系，逐步对全国的智慧城市建设展开实证测评工作，为智慧城市的建设提供可行的政策建议。

智慧城市是一个新生事物，也是一个正在不断发展的事务，所以智慧城市的评价研究也是在伴随着智慧城市建设而不断发展的。中国的智慧城市建设虽然刚刚起步，但是潜力无限、前景广阔。因此，弥补本文研究中的不足之处，为中国智慧城市建设提供指导，是下一步研究工作需要完成的工作。尽管如此，随着中国各地智慧城市建设的不断发展，本研究的现实指导作用会愈发凸显；而且在今后的智慧城市评价研究工作中，本文的研究成果仍将产生较为深远的借鉴意义。

参考文献

[1] Alawadhi S. et al. Building Understanding of Smart City Initiatives [J]. EGOV, 2012 (5): 40-53.

[2] Allwinkle S, Cruickshank P. Creating smarter cities: An overview [J]. Journal of Urban Technology, 2011, 18 (2): 1-16.

[3] Armbrust M., Fox A., Griffith R., et al. A View of Cloud Computing [J]. Communications of the ACM, 2010, 53 (4): 50-58.

[4] Alexandros, Panayides, Clifford R. Kern. Information Technology and the Future of Cities: An Alternative Analysis [J]. Urban Studies, 2005, 42 (1): 163-167.

[5] Anderson J., Iyaduri R. Integrated urban water planning: Big picture planning is good for the wallet and the environment [J]. Water Science & Technology, 2003 (7-8): 19-23.

[6] Arraign E. A New Approach to the Measurements of Urbanization [J]. Economic Development & Cultural Change, 1970, 18 (2): 206-213.

[7] AudleyGenus, Mold Ali Mohamed, Socializing the Digital Divide: Implications of ICTs and E-Business Development [J]. Journal of Electronic Commerce in Organizations, 2005 (3): 82-94.

[8] Bakici T. et al. A Smart City Initiative: the Case of Barcelona [J]. J KnowlEcon. 2013 (4): 135-147.

[9] BellR., Jung J. Broad band Economies: Creating the Community of the 21st Century [M]. New York: Intelligent Community Forum, 2009: 101-106.

[10] Bandyopadhyay, Kakoli. A framework for integrated risk management

in information technology [J]. Management Decision, 1999 (37): 437-444.

[11] Benaroch M, Yossi Lichtenstein. Real Options in Information Technology Risk Management: An Empirical Validation of Risk-option Relationships [J]. MIS Quarterly, 2006, 30 (4): 827-864.

[12] Benaroch M. Managing Information Technology Investment Risk: A Real Options Perspective [J]. Journal of Management Information Systems, 2002, 19 (2): 43-84.

[13] Caragliu A, Del Bo C, Nijkamp P. Smart Cities in Europe [M]. Vrije Universities, Faculty of Economics and Business Administration, 2009.

[14] Chourabi H, Nam T, Walker S. et al. Understanding Smart Cities: AnIntegrative Framework [J]. Computer Society, 2012: 2289-2297.

[15] C. K. Prhaalda, Gyar Hamel. The Core Competence of the Corporation [J]. Harvard Business Review, 1990 (68): 79-81.

[16] Coe A., Paquet G. and Roy J. E-Governance and Smart Communities: a SocialLearning Challenge [R]. 2011, http://ssc.sagepub.com/content/19/1/80. abstract.

[17] California Institute for Smart Communities. Smart Communities Guide Book [M]. 2001, http://www.smartcommunities.org/guidebook.html.

[18] Castells M. The InformationalCity: InformationTechnology, EconomicRestructuring, and the Urban-Regional Process [M]. London, Blackwell: 1989.

[19] Castells M. The Rise of the NetworkSociety [M]. Oxford, Blackwell: 1996.

[20] ChourabiHafedh, Nam Taewoo, *etal*. Understanding Smart Cities: An Integrative Framework [C]. In Proceedings of the 45th Hawaii International Conference on System Sciences, 2012: 2289-2297.

[21] Cimmino A. et al. The role of small cell technology in future Smart City applications [J]. Transaction on Emerging Telecommunications Technologies, 2013, 11 (20): 11-20.

［22］Climate Group. SMART 2020: Enabling the low carbon economy in the information age ［EB/OL］. http://www.smart2020.org/_assets/files/02_Smart2020Report.pdf.

［23］ClokeP. An index of reality for England and Wales ［J］. Regional Studies, 2001 (7): 132-133.

［24］Davis K, Hertz H. The World Distribution of Urbanization ［J］. Bulletin of the International Statistical Institute, 1951 (33): 227-242.

［25］Deakin M, Al Waer H. From intelligent to smart cities ［J］. Intelligent Buildings International, 2011 (9): 45-53.

［26］Davis, Kingsley; Golden, Hilda H. Urbanization and the Development of Pre-Industrial Areas ［J］. Economic Development and Cultural Change3. 1954, (10): 6-26.

［27］Dirks S. et al. How Smart is Your City?: Helping Cities Measure Progress ［R］. IBM Global Business Services, 2009.

［28］Diss. Kashuba, RoxolanaOresta. Bayesian methods to characterize uncertainty in predictive modeling of the effect of urbanization on aquatic ecosystems ［D］. Duke University, 2010.

［29］Edgar M, Hoover, FrankGiarratani. An Introduction to Regional Economics ［M］. New York: 1985, 128, 163-165, 205, 314-316.

［30］Edward L, Glaeser. Are Cities Dying ［J］. Journal of Economic Perspectives, 1998, 12 (2): 139-160.

［31］Edward L, Glaeser. The Future of Urban Research onMarket Interactions ［D］. Harvard University and NBER, 1999.

［32］Eekerberg Katarina, Joas Marko. Multi-level environmental governance: a concept under stress? ［J］. Local Environment. 2004, 19 (5): 405-412.

［33］Gianmarco I. P, Ottaviano, Giovanni Peri. The Economic Value of Cultural Diversity: Evidence from US Cities ［J］. NBER Working Paper, 2004: 10904.

[34] Giffinger R. et al. Smart Cities: Ranking of European Medium-Sized Cities [R] . 2007, Centre of Regional Science (SRF), Vienna University of Technology, Vienna, Austria.

[35] Glaeser E. L. , BerryC. R. Why are smart places getting smarter? [J] . Tubman Center Policy Briefs. 2006 (2): http://www.hks.harvard.edu/rappaport/downloads/policybriefs/brief_ divergence.pdf.

[36] Goldstein. The measurement of urbanization and projection of urban-population [M] New York: IUSSP, 2003: 587-589.

[37] Gunning ham Nell. Then New Collaborative Environmental Governance: The Localization of Regulation [J] . Journal of Law&Soeiety. 2009, 36 (1): 145-166.

[38] H. FellxKloman. Risk Management Reports [M] . California: Sea wrack Press, 1996.

[39] Harrison C. , Eckman B. , etc al. Foundations for Smarter Cities [J] . IBM Journal of Research and Development, 2010 (4): 1-16.

[40] HollandsR. G. Will the real smart city please stand up? [J] . City, 2008, 12 (3): 303-320.

[41] Jess Gaspar, Edward Glaser. Information Technology and the Future of Cities [J] . NBER Working Paper, 1996: 5562.

[42] Jingfen Sheng, John P. Wilson. Watershed urbanization and changing flood behavior across the Los Angeles metropolitan region [J] . Natural Hazards, 2009 (1): 41-57.

[43] Jordan Rappaport. U. S. urban decline and growth, 1950 to 2000 [J] . Economic Review, 2003: 15-44.

[44] Kirkb. Urbanization in china: town and country in a developing economy: 1949-2000 AD [M] . London: Croon Helm, 1982: 786-788.

[45] Knoke, K. Bold New York: The Essential Road Map to the twenty-first Century [M] . New York: Kodansha, 1996.

[46] Komninos N. Intelligent Cities: Innovation, Knowledge Systems, and Digital Spaces [M]. London: Spun Press, 2002: 78.

[47] Komninos N. Intelligent cities: Towards interactive and global innovation environments [J]. International Journal of Innovation and Regional Development, 2009 (4): 337-355.

[48] Krugman, Paul. Increasing Returns and Economic Geography [J]. Journal of Political Economy, 1991, 9 (3): 483-499.

[49] Leydesdorff L, Deakin M. The Triple-Helix Model of Smart Cities: A Neo-Evolutionary Perspective [J]. Journal of Urban Technology. 2011, 18 (2): 53-63.

[50] Loekwood. Miehael, Davidson. Julie, Curtis. Allan, etal. Multi-level Environmental Governance: lessons from Australian natural resource management [J]. Australian Geographer. 2009, 40 (2): 169-186.

[51] Malanga S. The curse of the creative class [J]. City, 2004, 14 (1): http://www.cityjournal.org/html/14_1_the_curse.html.

[52] Malek J. A. Informative Global Community Development Index of Informative Smart City [C]. Proceedings of the 8th WSEAS International Conference on EDUCATION and EDUCATIONAL TECHNOLOGY. 2011: 121-125

[53] Marshall J U. Beyond the Rank-Size Rule: A New Descriptive Model of City Sizes. Urban Geography, 1999, 18 (1): 36-55.

[54] Marshall. Graham. R. Nesting, subsidiary, and community-based environmental governance beyond the local level [J]. International Journal of the Commons. 2008, 2 (1): 75-97.

[55] Masahisa Fujita, Paul Krugman, Anthony Venables. The Spatial Economy: Cities, Regions and International Trade [J]. The MIT Press, 1999: 4-6.

[56] McLuhan Marshall. Understanding Media: The Extensions of Man [J]. New York: McGraw Hill, 1964.

[57] Mitchell L. Moss. Technology and Cities [J]. Cityscape, 1998

(3): 35-40.

[58] Mitchell L. Moss. Telecommunications and the Future of Cities [J]. Land Development Studies, 1986: 23-27.

[59] Nadia Joanne Britton, Peter Halfpenny, Fiona Devine, Rosemary-Mellor. The Future of Regional Cities in the Information Age: The Impact of Information Technology on Manchester's Financial and Business Services Sector [J]. Sociology, 2004, 38 (4): 795-814.

[60] Nam T, Pardo T. A. Conceptualizing Smart City with Dimensions of Technology, People, and Institutions [C]. Proceedings of the 12th Annual International Digital Government Research Conference: Digital Government Innovation in Challenging Times, 282-291

[61] Nam Taewoo, Pardo A. Theresa . Conceptualizing smart city with dimensions of technology, people, and institutions [C]. In Proceedings of the 12th Annual International Digital Government Research Conference, 2011: 282-291.

[62] Paskaleva K. A. Enabling the smart city: Theprogress of city e-governance in Europe [J]. InternationalJournal of Innovation and Regional Development, 2009, 1 (4), 405-422.

[63] Peter E D Love, ZahirIrani. Industry - centric Benchmarking of Information Technology Benefits, Costs and Risks for Small-to-medium Sized Enterprises in, Construction [J]. Automation in Construction, 2004 (13): 507-524.

[64] PhilipL. Powell, Jonathan H. Klein. Risk management for information systems development [J]. Journal of Information Technology, 1996 (11): 309-319.

[65] Richard Baldwin, RikardForslid, Philippe Martin, GianmarcoOttaviano, Frederic Robert Nicoud. Economic Geography and Public Policy [M]. Princeton University Press, 2003: 9-34, 364-422.

[66] Rosen K T. The Size Distribution of Cities: An Examination of the Pareto Law and Primacy [J]. Journal of Urban Eeonomics, 1980 (8): 165-186.

[67] Shapiro J M. Smart Cities: Explaining the Relationship between City Growth and Human Capital [R/OL]. 2011, 5 (31): http://papers.ssrn.com/sol3/papers.cfm? abstract_ id=480172.

[68] Spence. David. B. The Shadow of the Rational Polluter: Rethinking the Role of Rational Actor Models in Environmental Law [J]. California Law Review. 2001, 89 (4): 917-918.

[69] TurnerR, Robert E. Park on Social Control and Collective Behavior [M]. Chicago: University of Chicago Press, Phoenix Books, 1967.

[70] Washburn D., Sindhu U., etc. Helping CIOs Understand "Smart City" Initiatives: Defining the Smart City, Its Drivers, and the Role of the CIO [R]. Cambridge, MA: Forrester Research, 2010.

[70] Washburn D., Sindhu U., etc. Helping CIOs Understand "Smart City" Initiatives: Defining the Smart City, Its Drivers, and the Role of the CIO [R]. Cambridge, MA: Forrester Research, 2010.

[71] Wirth L. Urbanism as a Way of Life [J]. American Journal of Sociology. 1938 (7): 1-24.

[72] Susanne Dirks, Mary Keeling. 智慧城市的愿景——引领城市通向繁荣和可持续发展 [R]. IBM 商业价值研究院, 2009: 2.

[73] IBM. 智慧的中国, 智慧的城市 [R]. 2009: 15-19.

[74] IBM. 智慧的城市在中国 [M]. 2009 (8): 1-2.

[75] IBM 商业价值研究院. 您的城市有多智慧？帮助城市衡量进步. http://www-31.ibm.com/cn/services/bcs/iibv/pdf/how_ smart_ your_ city.pdf

[76] 白先春, 凌亢, 郭存芝. 城市发展质量的综合评价——以江苏省13个省辖市为例 [J]. 中国人口·资源与环境, 2004, 14 (6): 91-95.

[77] 毕然, 魏津瑜, 王华峰. 基于 ANP 的天津市信息化水平评价指标体系研究 [J]. 情报科学, 2008, 26 (12): 1824-1828.

[78] 陈昆玉. 社会信息化水平测度模型及其应用 [J]. 情报科学,

2001,19(1):14-17.

[79] 陈明星,陆大道,张华.中国城市化水平的综合测度及其动力因子分析[J].地理学报,2009(4):387-398.

[80] 陈铭,王乾晨,张晓海,张晓伟."智慧城市"评价指标体系研究——以"智慧南京"建设为例[J].城市发展研究,2011(5):84-89.

[81] 陈文峰,孟德友,贺振.南省城市化水平综合评价及区域格局分析[J].地理科学进展,2011(8):978-985.

[82] 程如轩,李澄清.我国城市化水平的评价及预期分析[J].经济问题探索,2005(1):15-18.

[83] 陈友福,张毅,杨凯瑞.我国智慧城市建设风险分析[J].中国科技论坛,2013(03):45-50.

[84] 陈友福.我国智慧城市建设的社会风险分析[D].华中科技大学,2013.

[85] 代合治,刘兆德.复合指标法及其在测度中国省域城市化水平中的应用[J].城市问题,1998(4):21-24.

[86] 戴磊,赵娴.我国城市化发展水平综合评价研究[J].商业研究,2012(7):64-69.

[87] 党国锋,赵军.兰州市城市化水平与耕地面积变化的定量研究[J].干旱区资源与环境,2008,22(4):17-21.

[88] 邓贤峰."智慧城市"评价指标体系研究[J].发展研究,2010(12):111-116.

[89] 董明辉,陈端吕等.基于RITE模型的东北老工业基地信息化水平分析[J].地理科学进展,2009,28(2):307-311.

[90] 杜燕.社会信息化测度初探[J].情报杂志,1997,16(6):17-19.

[91] 段永瑞.数据包络分析——理论与应用[M].上海:上海科学普及出版社,2006:5-13.

[92] 范斐,孙才志.环渤海经济圈城市化水平区位差异及其变动研

究［J］. 城市发展研究，2012，17（12）：30-35.

［93］方创琳，王德利. 中国城市化发展质量的综合测度与提升路径［J］，地理研究，2011（11）：1931-1946.

［94］方维慰. 城市信息化水平的测评研究［J］. 情报科学，2003，21（10）：1028-1030.

［95］付兵荣. 城市信息化测度指标体系设计及应用［J］. 情报科学，2003，21（3）：230-268.

［96］顾德道，乔雯. 我国智慧城市评价指标体系的构建研究［J］. 未来与发展，2012（12）：74-78.

［97］郭九龙. 城市社会服务管理指挥模式研究——以舟山定海为例［J］. 时代金融，2015（06）：88-89+96.

［98］耿兴荣，林炳耀. 中国信息化评价指标体系初探［J］. 经济地理，2002，22（6）：724-730.

［99］宫继萍，石培基，等. 甘肃省县域城市化水平差异的人工神经网络测定［J］. 地域研究与开发，2012，31（3）：68-72.

［100］顾朝林. 转型发展与未来城市的思考［J］. 城市规划，2011（11）：23-34.

［101］官静，许恒国. 区域城市化水平综合评价及其地域差异研究——以江苏省为例［J］. 资源与产业，2008，10（1）：35-38.

［102］郭爱华. 区域性信息化发展水平评价方法之比较［J］. 情报杂志，2006（8）：91-93.

［103］郭建锦，郭建平. 大数据背景下的国家治理能力建设研究［J］. 中国行政管理，2015（06）：73-7.

［104］国家城调总队，福建省城调队课题组. 建立中国城市化质量评价体系及应用研究［J］. 统计研究，2005（7）：15-19.

［105］国家统计信息中心. 1999—2001年中国各地区信息化水平测评与比较研究［J］. 统计研究，2004（3）：3-11.

［106］国家统计信息中心. 中国各地区信息化水平测算与比较研究

[J]．统计研究，2001（2）：3-11．

[107] 高璇．论智慧城市建设背景下我国传统产业的转型[J]．中州学刊，2016（01）：26-30．

[108] 韩天璞．智慧城市建设及运营模式研究[D]．北京邮电大学，2013 区信息化水平测算与比较研究[J]．统计研究，2001（2）：3-11．

[109] 韩毅，邓小昭，等．加权法测定重庆市信息化指数[J]．情报方法，2003（2）：50-53．

[110] 韩增林，刘天宝．中国地级以上城市城市化质量特征及空间差异[J]，地理研究，2009（11）：1508-1515．

[111] 侯学英．可持续城市化及其评价指标体系研究[J]．商业研究，2005（4）：36-38．

[112] 贾怀京，许飞月．信息化指数模型及1985-1994年我国信息化水平的测定[J]．情报学报，1997，16（6）：461-467．

[113] 蒋俊杰．从传统到智慧：我国城市社区公共服务模式的困境与重构[J]．浙江学刊，2014（04）：117-123．

[114] 焦微玲，粟湘．上海城市信息化现状分析研究[J]．情报杂志，2006（11）：120-126．

[115] 李晨光，王春新．基于群决策方法的城市信息化发展水平评估模型[J]．情报杂志，2009，28（12）：204-206．

[116] 李崇明．基于时间序列分析的可持续城市化综合评价模型及其应用[J]．科技进步与对策，2010（12）：49-52．

[117] 李恩科，徐国华．层次分析法在信息系统综合评价中的应用[J]．情报学报，1998，17（6）：431-438．

[118] 李国祥．"智慧政府"背景下公共服务供给改革研究[D]．南京大学，2016．

[119] 李航，陈后金．物联网的关键技术及其应用前景[J]．中国科技论坛，2011（01）：81-85．

[120] 李继云，普希宁．云南省区域城市化水平评价分析[J]．安徽

农业科学，2007，35（32）：10474-10476.

［121］李德仁．智慧城市的概念、支撑技术及用［J］．工程研究，2012（12）：313-323.

［122］李健，张春梅，李海花．智慧城市及其评价指标和评估方法研究［J］．电信网技术，2010（1）：1-5.

［123］李健．新城发展中的智慧城市建设战略与框架［J］．南京社会科学，2013（11）：66-71.

［124］李健．新城发展中的智慧城市建设战略与框架［J］．南京社会科学，2013（11）：66-71.

［125］梁丽．我国就地城镇化发展的现实基础与策略研究［D］．东华大学，2016.

［126］李明秋，郎学彬．城市化质量的内涵及其评价指标体系的构建［J］．中国软科学，2010（12）：182-186.

［127］李善越．着力推进我国的"智慧城市"建设［J］．理论探索，2013（05）：86-88+97.

［128］李文祥．社会建设中的制度风险与制度协调［J］．天津社会科学，2007（03）：49-53.

［129］李文正．咸阳市城市化水平综合测度及评价研究［J］．国土与自然资源研究，2011（6）：17-19.

［130］李贤毅，邓晓宇．智慧城市评价指标体系研究［J］．电信网技术，2011（10）：43-47.

［131］李向军．物联网安全及解决措施［J］．农业网络信息，2010（12）：5-7.

［132］李晓青，郑蓉．基于熵权系数法的城市信息化测评研究［J］．情报杂志，2007（12）：15-19.

［133］联合国．农村中心规划指南．联合国亚太经济与社会委员会，1979.

［134］联合国人居组织．伊斯坦布尔宣言［R］．1996.

[135] 刘凤莲，林爱文．基于低碳经济视角的中国城乡一体化模式探讨［J］．湖北农业科学，2012，51（16）：3632-3635+3640.

[136] 李姝（韦华）．西安市城市交通管理问题及其对策研究［D］．长安大学，2012.

[137] 芦效峰，程大章．智慧城市与社会及经济信息化［J］．智能建筑与城市信息，2013（04）：14-19.

[138] 郎咸平．中国的城市化与"逆城市化"之殇［J］．潮商，2012（02）：61-63.

[139] 刘忠祥．基于大数据的政府公共信息资源整合应用研究［D］．南京邮电大学，2016.

[140] 刘艳军，李诚固，孙迪．区域中心城市城市化综合水平评价研究——以15个副省级城市为例［J］．经济地理，2006，26（2）：225-229.

[141] 刘永谋，吴林海．物联网的本质、面临的风险与应对之策［J］．中国人民大学学报，2011，25（04）：35-40.

[142] 刘跃．区域信息化指数的构建与西部信息产业发展政策分析［J］．情报杂志，2007（2）：107-110.

[143] 马占新．数据包络分析模型与方法［M］．北京：科学出版社，2010：3-10.

[144] 欧向军，甄峰，等．区域城市化水平综合测度及其理想动力分析——以江苏省为例［J］，地理研究，2008，27（5）：993-1002.

[145] 欧洲智慧城市．http：//www.smart-cities.eu/．2012（5）．

[146] 彭继东．国内外智慧城市建设模式研究［D］．吉林大学，2012.

[147] 潘啸，马成文．基于SWOT分析的安徽省合芜蚌新区现代信息服务业集群发展探讨［J］．情报探索，2013（09）：50-53.

[148] 钱大群．智慧的城市在中国［R］．IBM商业价值研究院，2009：1-37.

[149] 乔亲旺，洪珊．创新智慧城市建设运营模式实现可持续发展

[J]．世界电信，2014（06）：34-38．

[150] 乔晓华．关于内蒙古社会信息化水平的测度分析及对策探讨[J]．情报杂志，2004（7）：53-55．

[151] 饶宝红，徐维祥，等．长三角地区城市化水平提升及对策研究[J]．经济问题探索，2006（6）：35-38．

[152] 史璐．智慧城市的原理及其在我国城市发展中的功能和意义[J]．中国科技论坛，2011（5）：97-102．

[153] 史文利，高天宝，王树恩．基于主成分分析与聚类分析的城市化水平综合评价[J]．工业工程，2008，11（3）：112-115．

[154] 苏君华，孙建军．全国及各省市信息化水平测度[J]．情报学报，2005，23（6）：817-822．

[155] 史笑晗．我国智慧城市建设问题浅析[J]．河南牧业经济学院学报，2016，29（05）：44-47．

[156] 孙宝明．辽宁省区域城市化水平评价研究[J]．地理科学，2010，30（6）：868-872．

[157] 孙亚范，余海鹏．江苏省城市化发展差异及其特征分析[J]．南京社会科学，2004（1）：91-96．

[158] 宋雪纯．南昌市智慧城市建设发展水平及其发展模式研究[D]．江西理工大学，2015．

[159] 王冰．循环经济，为智慧城市开路[J]．资源再生，2013（12）：16-17．

[160] 王成金．大数据时代的城市管理科学化：问题与对策[D]．苏州大学，2014．

[161] 王东莉．人文素养：知识经济时代科技人才的重要素养[J]．科学管理研究．2002，20（5）：57-59．

[162] 王俊，张光宇．广东社会信息化水平测度及分析[J]．情报方法，2002（6）：8-12．

[163] 乌敦，李百岁．内蒙古城市化水平地域差异分析[J]．经济地

理，2009，29（2）：249-254.

［164］王鹏，陈涛. 电子政务中政府云计算战略研究［J］. 电子政务，2012（10）：81-88.

［165］巫细波，杨再高. 智慧城市理念与未来城市发展［J］. 城市发展研究，2010（11）：56-60.

［166］吴艳霞，张道宏. 城市发展水平的综合评价及实证分析［J］. 经济与管理研究，2005（8）：66-69.

［167］吴运建，孙成访. 我国智慧城市建设的风险及应对策略［J］. 商业时代，2013（23）：139-140.

［168］吴玉鸣，徐建华，李建霞. 中国区域信息化发展水平：因素分析与综合集成评估［J］. 经济地理，2004，24（3）：321-325.

［169］王正攀，王植，刘柯妗. 智慧城市建设影响政府组织结构了吗？——基于346个样本的调查分析［J］. 探索，2015（05）：109-114.

［170］修文群. 区域信息化的测度与评价［J］. 情报学报，2002，21（2）：197-208.

［171］许庆瑞等. 智慧城市的愿景与架构［J］. 管理工程学报，2012（4）：1-7.

［172］肖应旭. 面向智慧城市的信息服务体系构建与运行模式研究［D］. 吉林大学，2012.

［173］于春永. 跨越的碰撞，飞跃的构想——《构建虚拟政府：信息技术与制度创新》评析［J］. 电子政务，2012（05）：58-61.

［174］姚建铨. 我国发展物联网的重要战略意义［J］. 人民论坛·学术前沿，2016（17）：6-13.

［175］应江勇. 逆势下运营商短信业务发展策略研究［J］. 移动通信，2013，37（09）：78-8.

［176］原珂. 智慧城市建设社会风险分析及防范策略探究［J］. 领导科学，2017（08）：28-30.

［177］俞露. 面向智慧城市建设的信息内容产业发展政策研究［D］.

苏州大学，2014.

［178］叶美兰，王林林．物联网视域下的社会风险与政策监管［J］．南京邮电大学学报（社会科学版），2011，13（02）：1-4.

［179］严清清．基于Topsis法的安徽省城市竞争力比较分析［J］．保定学院学报，2014，27（05）：82-87.

［180］叶绍明，郑小贤．国内外林业碳汇项目最新进展及对策探讨［J］．林业经济，2006（04）：64-68.

［181］杨兴国．智慧城市创新与发展的路径［J］．物联网·智慧城市，2012（10）：9.

［182］袁文蔚，郑磊．中国智慧城市战略规划比较研究［J］．电子政务，2012（4）：54-63.

［183］袁晓玲，王霄，等．对城市化质量的综合评价分析——以陕西省为例［J］．城市化，2008，15（2）：38-45.

［184］杨瑛．新标准观指引下的智慧城市顶层设计［J］．电子政务，2016（03）：27-34.

［185］杨正华．城市信息化背景下提升政府公共信息服务研究［D］．浙江师范大学，2015.

［186］张丙宣，周涛．智慧能否带来治理——对新常态下智慧城市建设热的冷思考［J］．武汉大学学报（哲学社会科学版），2016，69（01）：21-31.

［187］赵大鹏．中国智慧城市建设问题研究［D］．吉林大学，2013.

［188］张鸿雁．城市·空间·人际：中外城市社会发展比较研究［M］南京：东南大学出版社，2003，P256-258.

［189］张劲松．基于层次指标的统计信息化评价模型研究［J］．中国管理信息化，2008，11（14）：81-85.

［190］张丽霞，施国庆．物元模型在城市化综合评价中的应用［J］．河海大学学报，2004，32（3）：349-353.

［191］张锐．我国建设智慧城市的几点思考［J］．科技信息，2013

（22）：74-75.

［192］张生太、阎淑敏、段兴明等．对人力资本若干理论问题的再思考［J］．生产力研究，2003（3）：23-25.

［193］张毅，陈友福，杨凯瑞．智慧城市的价值分析［J］．电子政务，2012（10）：26-34.

［194］张新红等．信息化城市的内涵、特征及其发展［J］．电子政务，2012（Z1）：2-11.

［195］赵雪雁．西北地区城市化质量评价［J］．干旱区资源与环境，2004（9）：69-73.

［196］郑建明，王育红．社会信息化进程测度案例及方法分析［J］．图书与情报，2000（2）：15-23.

［197］智慧社区论坛．http：//www.intelligentcommunity.org/.2012（5）．

［198］中国电信智慧城市研究组，智慧城市之路——科学治理与城市个性［M］．北京：电子工业出版社，2011：89.

［199］中国电信智慧城市研究组．智慧城市之路：科学治理与城市个性［M］．北京：电子工业出版社，2011：113-147.

［200］中国电信智慧城市研究组．智慧城市之路——科学治理与城市个性［M］．电子工业出版社，2011：74-75.

［201］邹凯，马葛生．基于多层次灰色评价模型的社区信息化绩效评价研究［J］．情报杂志，2.

［202］张琳．我国现代农业科技园区战略转型的路径研究［J］．广东农业科学，2015，42（24）：184-188.009，28（12）：34-37.

［203］周蕊，杨永胜，张志丹，李云飞．从规划视角对国内低碳生态城指标体系的思考［J］．中华建设，2013（05）：68-69.

［204］张陶钧．智慧城市发展对经济增长促进作用的实证研究［D］．辽宁师范大学，2015.

［205］张勇民．A财产保险公司全面预算管理系统设计与实现［D］．

湖南大学，2016.

［206］张运松. 网络的技术意蕴、特性与网络伦理［J］. 科学技术与辩证法，2008（02）：66-70.

附录：本文调查问卷

武汉市市民智慧生活（感知）满意度调查

您好！

为准确了解和掌握民众对武汉市智慧城市建设成果的感知情况，着力提升公众对智慧生活的满意度，我们设计了此问卷，拟针对武汉市智慧生活满意度进行调查。问卷结果将为制定武汉市智慧城市建设相关政策提供重要依据。问卷以无记名方式填写，请在您认定的选项前面"（　）"内打"√"

衷心感谢您对我们工作的支持！

1. 您的性别（　　）

A 男　　B 女

2. 您的年龄（　　）

A. 20 岁以下　　B. 21~40 岁　　C. 41~60 岁　　D. 60 岁以上

3. 你的职业是：

①工人　②农民　③军人　④教师　⑤科技人员　⑥个体户　⑦企业管理人员　⑧公务人员　⑨离退休人员　⑩其他_____（请注明）

4. 您对网络信息获取便捷性是否满意（　　）

①很满意　②满意　③基本满意　④不太满意　⑤不满意　⑥不了解

5. 您目前使用的手机卡运营商是（　　）

①移动　②联通　③电信

6. 您对目前手机卡运营商的网络资费满意吗（　　）

①很满意　②满意　③基本满意　④不太满意　⑤不满意　⑥不了解

7. 您对目前使用的互联网网络资费满意度（　　）

①很满意　②满意　③基本满意　④不太满意　⑤不满意　⑥不了解

8. 您对生活安全感的满意度（　　）

①很满意　②满意　③基本满意　④不太满意　⑤不满意　⑥不了解

（1）请问您家附近出现矛盾纠纷是不是有人来调处（　　）

①能及时得到调处　②无人处理　③不了解

（2）请问您家附近出现治安问题能否及时得到解决（　　）

①能及时得到调处　②虽反映了，但无人处理

③处理了，但反复性强　④不了解

（3）请问您或您家人是否了解乡镇（街道）的综合治理部门或单位？（　　）

①了解　②不太了解　③不了解　④说不清楚

（4）请问您或您的家人是否参与了平安小区、平安村（社区）及其他形式的平安创建活动（　　）

①参加了　②没参加　③不了解

（5）请问您对政法机关或者政法队伍（包括法院、检察院、公安、司法等部门）的执法工作是否满意（　　）

①很满意　②满意　③基本满意　④不太满意　⑤不满意　⑥不了解

（6）您所生活的小区或者社区是否都安装有监控摄像头（　　）

①到处都有　②比较多　③数量不多　④没有

9. 您对武汉市公共服务的便捷性满意度评价（　　）

①很满意　②满意　③基本满意　④不太满意　⑤不满意　⑥不了解

（1）您认为武汉市公共服务的信息公开程度（　　）

①很满意　②满意　③基本满意　④不太满意　⑤不满意　⑥不了解

（2）政府信息在线下载便利程度（　　）

①很满意　②满意　③基本满意　④不太满意　⑤不满意　⑥不了解

（3）行政事务通过网上办理程度（　　）

①很满意　②满意　③基本满意　④不太满意　⑤不满意　⑥不了解

（4）行政事务办理程序简化程度（　　）

①很满意　②满意　③基本满意　④不太满意　⑤不满意　⑥不了解

（5）行政机关办事效率（　　）

①很满意　②满意　③基本满意　④不太满意　⑤不满意　⑥不了解

（6）行政机关服务态度（　　）

①很满意　②满意　③基本满意　④不太满意　⑤不满意　⑥不了解

（7）享受"一站式"公共服务（　　）

①很满意　②满意　③基本满意　④不太满意　⑤不满意　⑥不了解

（8）公共服务大厅环境、秩序良好（　　）

①很满意　②满意　③基本满意　④不太满意　⑤不满意　⑥不了解

（9）行政机关对公众投诉能够及时反馈（　　）

①很满意　②满意　③基本满意　④不太满意　⑤不满意　⑥不了解

（10）大多数民生事务您不出社区就能办理（　　）

①很满意　②满意　③基本满意　④不太满意　⑤不满意　⑥不了解

10. 您对武汉市就医方便程度的评价（　　）

①很满意　②满意　③基本满意　④不太满意　⑤不满意　⑥不了解

（1）医院目前使用电子病例情况（　　）

①很满意　②满意　③基本满意　④不太满意　⑤不满意　⑥不了解

（2）医院网上预约挂号情况（　　）

①很满意　②满意　③基本满意　④不太满意　⑤不满意　⑥不了解

（3）在就医过程中，挂号、取药、缴费等环节简化，节约时间情况（　　）

①很满意　②满意　③基本满意　④不太满意　⑤不满意　⑥不了解

（4）社区医院的医疗水平（　　）

①很满意　②满意　③基本满意　④不太满意　⑤不满意　⑥不了解

（5）社区医院的医疗环境（　　）

①很满意　②满意　③基本满意　④不太满意　⑤不满意　⑥不了解

11. 您对武汉市的城市环境质量总体满意程度（　　）

①非常满意　②比较满意　③一般　④不太满意　⑤不满意

（1）您对武汉市的城市空气清洁情况（　　）

①非常满意　②比较满意　③一般　④不太满意　⑤不满意

（2）您对武汉市的城市噪声情况（　　）

①非常满意　②比较满意　③一般　④不太满意　⑤不满意

（3）您对武汉市的城市自来水（饮用水）水质（　　）

①非常满意　②比较满意　③一般　④不太满意　⑤不满意

（4）您对武汉市的城市交通状况（　　）

①非常满意　②比较满意　③一般　④不太满意　⑤不满意

（5）您对武汉市的城市建筑密度（　　）

①非常满意　②比较满意　③一般　④不太满意　⑤不满意

（6）您对武汉市的城市建筑风格样式（　　）

①非常满意　②比较满意　③一般　④不太满意　⑤不满意

（7）您对武汉市的城市绿化水平（　　）

①非常满意　②比较满意　③一般　④不太满意　⑤不满意

12. 您对武汉市的食品安全总体评价（　　）

①非常满意　②比较满意　③一般　④不太满意　⑤不满意

（1）您是通过以下哪些途径获悉武汉市食品安全检测公告的（　　）

①报纸　②电视台　③武汉市食品安全信息网　④其他途径
⑤根本不知道

（2）您对武汉市本地生产加工的食品安全的评价（　　）

①非常满意　②比较满意　③一般　④不太满意　⑤不满意

（3）您觉得武汉市本地种养的农产品及水产品安全程度（　　）

①非常满意　②比较满意　③一般　④不太满意　⑤不满意

（4）您对武汉市的农贸市场的食品安全的评价（　　）

①非常满意　②比较满意　③一般　④不太满意　⑤不满意

（5）您对武汉市的商场超市的食品安全的评价（　　）

①非常满意　②比较满意　③一般　④不太满意　⑤不满意

（6）您对武汉市食堂、餐饮单位的食品安全（含餐具、小毛巾、食用性产品等）的评价（　　）

①非常满意　②比较满意　③一般　④不太满意　⑤不满意

13. 您对武汉市交通便捷性的评价（　　）

①非常满意　②比较满意　③一般　④不太满意　⑤不满意

（1）您认为武汉市的交通秩序如何（　　）

①非常好　②很好　③一般　④不好　⑤很糟糕

（2）您认为武汉市交通红绿灯设计是否合理（　　）

①非常合理　②比较合理　③一般　④不太合理　⑤不合理

（3）您对武汉市地铁交通的便捷性（　　）

①非常满意　②比较满意　③一般　④不太满意　⑤不满意

（4）您对武汉市地铁交通服务态度（　　）

①非常满意　②比较满意　③一般　④不太满意　⑤不满意

（5）您对武汉市公交车候车时间的评价（　　）

①非常满意　②比较满意　③一般　④不太满意　⑤不满意

（6）您对公交车运行时间的评价（　　）

①非常满意　②比较满意　③一般　④不太满意　⑤不满意

（7）您对武汉市公交线路设计是否满意（　　）

①非常满意　②比较满意　③一般　④不太满意　⑤不满意

（8）您对公交车乘车信息获取便捷度、有效性的评价是（　　）

①非常满意　②比较满意　③一般　④不太满意　⑤不满意

（9）您对武汉市公交车票价的感知是（　　）

①非常合理　②比较合理　③一般　④不太合理　⑤不合理

（10）您对武汉市公交车车内环境及卫生状况的评价（　　）

①非常合理　②比较合理　③一般　④不太合理　⑤不合理

后　记

　　本书源自笔者的博士论文《智慧城市评价研究：投入—产出视角》，并集合了部分前期研究而成。曾经，在我的认识里，能够出版一本自己的专著是如此的遥不可及，似乎我注定此生与之无缘，高不可攀。如今，完成这部书稿，并即将出版之时，心中感慨良多，千丝万缕的情绪不断涌上心头。

　　我出生于豫西北太行山下的一座小城里，在一所大专校园里长大。那片校园就是我儿时的乐园，在那里无忧无虑的奔跑、撒欢，和小伙伴们嬉笑打闹，看着校园里来来往往的学生们，心里总想着我什么时候才能长大。小时候父母工作忙，经常将我送回老家，由我外公外婆照看。外婆家门口有一条蜿蜒的小河，我总想知道它到底流向了何方。那时外公的母亲，也就是我的太姥姥还健在，她养了一笼鸡，仿佛就是她的宝贝，每天都定时给鸡喂食，嘴里咕咕咕地喊着鸡群来吃。太姥姥出生于清朝末年，裹着小脚，拄着拐棍走路颤颤巍巍，经常会拉着我的小手，带我到河边捉蚂蚱，再用草梗串成一串带回家喂鸡。所以我不羡慕歌中那个"外婆的澎湖湾"，因为我有"外婆的小河滩"，同样留下了太姥姥和我的脚印两对半。太姥姥非常长寿，一直到96岁才驾鹤西去，但那一年正是我的高考季，爸妈为了不让我分心，和全家人一起瞒着我这个悲伤的消息，直到太姥姥下葬后很长一段时间，才尝试着告诉我。没能在太姥姥离世前送她最后一程，成了我此生最大的遗憾，每每想起，都不禁落泪。

　　和外公外婆在一起生活的时光总是那么的难忘，二老对我的宠爱是我一辈子最甜蜜的回忆。记得小时候最期盼的就是跟外公外婆去赶集，在不大的镇里仿佛见到了全城的人，熙熙攘攘，热热闹闹。小时候家里穷，父

后 记

母也很少能给我买零食吃，我也养成了不问爸妈索要零食的习惯。但是跟着外公外婆赶集的时候，难免被花花绿绿的世界所吸引。印象最深的就是我站在卖豆沙糕的小摊前不愿挪步，眼睛直勾勾地盯着案板上黄楞楞还镶嵌着柿饼的豆沙糕，不说话也不离开，就仅仅是那么看着。外婆拉着我的手，弯下腰问我："想不想吃？"我抬头看着外婆，点点头。外婆就从怀里摸出一个折在一起的手帕，一层一层慢慢地剥开，里面放着为了赶集而带的几块钱，从中抽出两毛钱，给我买了一条两指宽、一指厚的豆沙糕。我就这么一只小手拉着外婆，一只小手握着插着豆沙糕的棍子，边走边吃，直到连棍子也吃不出味道时，才恋恋不舍地丢掉。那种味道，胜却所有人间美味。直到现在，只要在路上碰到豆沙糕，我都会停下来买上两指宽、一指厚的一小块尝尝，仍然是那么的美味，满满的都是外婆宠爱的味道。

后来到了上学的年纪，爸妈把我接回城，开始了漫漫求学路。我的父亲是一座山，是我永远读不完的书。自我记事起，父亲永远是工作忙碌，做不完的工作、加不完的班。我甚至都想不起来他有没有过连续几天悠闲的时光，甚至在我高中学业繁忙时期，虽然我们每天都回家，但我俩经常一个月都见不到一面。也正是父亲这种努力、严谨的工作态度，让他在每一个岗位上都尤为出色，他的每一项工作都尤为先进，他走过的每一个地方都对他尤为怀念。我曾经认真思考过到底是什么原因让父亲如此兢兢业业、任劳任怨，直到2010年冬天的一个晚上，我才终于搞明白。那是在我复习考博的日子里，压力极大，父亲专程来到武汉看望我，鼓励我。我见到父亲后非常感动，但看到父亲鬓角的白发也非常心疼。晚上，我们父子二人在睡觉前聊天，我劝父亲工作不要再像以前那样拼命了，他为党为国付出了一辈子，该歇歇了。但让我没想到的是，父亲突然非常严肃的跟我讲："什么是党？党是由几千万人组成的，有着共同的目标，有着严格的纪律，有着崇高的信仰，并为这个目标自觉去奋斗的一个集体。"然后一字一句地说了让我铭记一生的话："党在心中，不在嘴上！"我顿时语塞。自此我才明白，是对党、对国、对人民的忠诚才让父亲如此的不辞辛劳。那一晚的谈话，是我人生中最重要的一次党课，也真正为我树立了人生信仰，让我真真正正明白了什么是榜样的力量。感谢我的父亲！

我的母亲是一位伟大的母亲，当爸爸在外面奋斗事业的时候，母亲承担起了照顾整个大家族的责任，辛苦劳累自不必多说，最重要的是依然无微不至的照顾我的父亲和我，操持我们的三口之家的同时，对我的学业格外关注。也许是知道慈母多败儿的道理吧，母亲对我一直都要求很严厉，甚至到了苛刻的地步。在小学四年级前，我还尚能在周末出门与小伙伴们玩耍，从四年级开始，我就失去了节假日，只剩下被母亲逼着做不完的习题。每当窗外传来小伙伴们嬉闹的声音，我心里充满了委屈与埋怨。哪怕是工作繁忙的爸爸偶尔带我下盘象棋，也会因为习题没有完成而被妈妈一把抽掉了棋盘。但也正是母亲对我的严格要求，甚至是苛刻的监督，才有了我如今的学业小成，才有了这本不成熟的著作。感谢我的母亲！

在我求学的过程中，遇到了很多让我难忘的老师，没有他们的栽培，就没有我的今天。从小学起，教过我的每一个老师，我都能想起他（她）的名字，脑海里都会浮现他（她）的面庞。小学时的陈粉花老师、胡子华老师，中学时的宋立杰老师、刘珺老师、张景海老师、詹国富老师、辛艳红老师，大学时的路杨老师、冯志华老师等，都是我漫长的求学之路上的灯塔，照耀我前行。时至今日，我仍然记得陈粉花老师的眼泪，惧怕宋立杰老师的戒尺，留恋张景海老师的和蔼，感叹冯志华老师的敬业。如果能再回到他们身边，我一定会更加珍惜与他们相处的时光。

当然，对我影响最深的莫过于我的导师们了。2008年秋，我终于踏进了华中科技大学的大门，来到华中大法学院攻读硕士，有幸成为一名Huster。我的硕士导师是唐永忠教授，在唐老师身边的三年是非常开心、幸福的。唐老师主攻民事诉讼法，对社会的认识非常深刻，而心态非常年轻，经常邀请我们到家中小聚，与我们在一起时毫无架子，亦师亦友。唐老师爱读书，也爱督促我们读书，推荐给我们的第一本叫《辩证逻辑》，对我的思维方式影响深远。唐老师将这本书定为唐门弟子必读书目中的第一本，也成为我现今推荐给学生的必读书籍之一。唐老师的女儿唐瑞律特别可爱，小名小瑞，我入学那年她刚刚两岁。小瑞特别喜欢我，经常跟在

后 记

我后面做我的小尾巴。在 2012 年我去美国北伊利诺伊大学交流前，小瑞抱着我的腿，吵着不让我走，那时我就想：如果将来我有一个女儿这样抱着我的腿不让我走，说不定我真的会心软。后来，大师兄叶火杰成功考取华中大公共管理学院博士研究生，成为我的榜样和目标，并且幸得唐老师鼓励和支持，才有了我的继续深造。

在历经不懈努力之后，我于 2011 年也考取了中华科技大学公共管理学院博士研究生，从此遇到了我人生的启明星——导师张毅教授。2011 年，张老师刚刚成为公共管理学院最年轻的博导、教授，那时的张老师是如此的年轻，我就此成了他的第一个博士研究生。张老师话不多，是一位非常严谨、一丝不苟的学者，作为他的开山大弟子，我倍感压力，在他身边时常常不由自主地感到紧张。张老师跟我的第一次谈话让我印象尤为深刻。那天的阳光非常温暖，张老师穿着白色的衬衣，消瘦的身材，那是我第一次见到张老师。在这次谈话里，张老师除了讲他对我的培养计划之外，说得最多的就是如何养成良好的工作习惯。张老师给我算了一笔账，他讲到："一年有 365 天，共计 52 周，每周有两天是周末休息时间，而他周末和节假日基本无休，那么一年下来他就比别人多工作了一百多天，将近三分之一年，所以才能获得比别人更多的成果。"听到此，我非常吃惊，眼前的张老师瞬间高大起来。在后来的四年博士生涯中，我观察到张老师的工作时间远比他说的要多很多。张老师一般在早上 8 点前准时到达办公室，中午 11 点 50 分回家；下午 2 点半前到达办公室，傍晚 6 点半以后回家；晚上 8 点前到达办公室，晚 10 点 50 分回家；一周七天几乎天天如此。此外，暑假无休，正常上班；寒假时腊月 29 放假回老家，正月初三返回学校正常上班；端午、五一、国庆、中秋等节假日基本无休。这样的工作习惯着实让我佩服得五体投地！当如今网络上仍在为 996 工作制争吵不休之时，我觉得他们都应该到张老师身边，感受一下什么叫"越优秀的人，越努力"。跟在张老师身边的日子，让我也养成了这种工作习惯，至今如此。当勤奋变成一种习惯之时，就不会觉得这是一种辛苦了，这就成了我一生的财富。另外，这种工作习惯我也传给了我现在培养的研究生，我相信这也会成为他们的财富的。

　　特别要说的是钟书华教授。钟教授是贵州毕节人，华中科技大学公共管理学院的学术委员会主席，二级教授，享受"国务院政府特殊津贴"，我国科技政策与科技管理领域的泰斗。钟老师的众多研究都对我国产生了重要影响，不论是引进企业加速器理论，还是对科技园区的研究，都对全国范围内的理论和实务界发挥了重要指导作用。尤其是钟老师提出的"科技举国体制"理论得到国家权威认可。在2019年2月20日，中共中央总书记、国家主席习近平提出的"新型举国体制"，是对钟老师理论的肯定和要求。就是这样一位泰斗，却朴素的毫不起眼，瘦弱而略显伛偻，随身的帆布挎包已经泛黄，衣着也显得陈旧，夏天拎一个最常见的白色"富光"水杯，冬天包中常装的保温杯也已掉漆，走路常常因为在低头思考问题而不与人打招呼，抬头略显沧桑的面庞时常挂满笑容，这样一位和蔼的老先生，被我们称为"布衣教授"。钟老师不是我的导师，却胜似我的导师，在我攻读博士期间对我关照有加。我常常在他的办公室中，与他的学生一起接受学术指导。直到现在，我每年都会专程回武汉数次看望钟老师，在他家中促膝长谈，汇报近况，聆听教诲。钟老师在工作中是我们的尊师，一丝不苟，在生活中是我们的家长，风趣可爱。钟老师的逸闻趣事很多，让我觉得特别有趣的是一次在办公室的谈话。那天，像往常一样在办公室与钟老师聊天，就说到了吸烟有害健康，钟老师一本正经地说道："我喜欢抽烟，这个习惯是戒不掉了，但是抽烟有害健康，而喝茶又能排毒，所以我每天在抽烟的时候就使劲喝茶，这样我就把抽烟的毒素排了出去，身体就保持平衡了。"听完，我们都忍不住大笑，钟老师也笑了起来。在钟老师对我无可计数的教诲中，有一句话我将终生铭记，就是："凯瑞，要好好对待崔璐啊！"崔璐，是钟老师培养的博士，我的博士同学，也是我当时的女友，现在的妻子，一生的爱人。

　　在华中科技大学求学的七年，我最大的收获就是找到了我的一生挚爱，我的妻子崔璐。与崔璐相识于一场饭局，那时我研三，她研二，第一次见到她时有种很强烈的似曾相识感，就不禁脱口问道："我们是不是在

后 记

哪见过?"崔璐矜持地笑了笑:"好像没有吧。"直至今日,她仍时不时提起当时的场景,笑我的搭讪技巧太老套,我只能一次一次的解释我们真的好像在哪里见过。也许这就是所谓的缘分吧。后来她在研二结束时保送读博,我也幸运榜上有名,我们就这样成了同学,就这样开始了恋爱。崔璐是一个非常温柔贤淑的女子,在攻读博士的四年里,无数困难和巨大压力压得我喘不过气,是她不断鼓励我、支持我、包容我,让我真正感受到什么叫温柔如水。她在博三结束时成功毕业,我因去美国交流而延迟毕业一年。在她毕业时,我们走进了婚姻的殿堂,现在我们有了一双儿女,非常幸福。她依然温柔的照顾家庭,我则全心全意奋斗,希望成为我父亲一样的人,给崔璐和我们的儿女坚实的依靠。

现在,我很荣幸成为了一名大学老师,像我的老师们一样,站在三尺讲台教书育人,有了自己的研究团队叫"Young课题组",并颇受学生喜爱。在平日工作里,我带着在张老师身边养成的工作习惯,并把张老师跟我的谈话也依样讲给了我的学生们,带着我的团队日夜奋斗,一起逐梦。教师这份工作是清贫的,也是幸福的,面对着朝气蓬勃的学生们,仿佛自己也永远不会老去,在工作中教他们知识,也教他们做人,更教导他们感恩社会、报效祖国,做一个有价值的人。

我经常跟学生们讲,人之所以称之为"人",成为万物之灵长,最重要的在于"人"这种生物相较于其他生物而言具有更高的能动性。能动性赋予了"人"学习能力、思考能力、吸收转化能力,也就是所谓的思辨能力。有了思辨能力,"人"不再是形而上学的低等动物,从而具有了创造能力。"人"的创造能力不仅仅体现在物质世界,更重要的是体现在精神世界。创造物质的能力划分了"人"与"低等动物"的界限,而具有精神世界则让"人"不仅仅是一种高级动物,更是脱离了动物的范畴,升华为一种最为独特的万物之灵长。虽然每个人都具有自己的精神世界,但不同的精神世界划分了不同的"人群"。有的人信奉及时享乐,有的人信奉自我安宁,有的人信奉神之庇佑,有的人信奉仁义道德,不论哪一种,都是其本人精神世界的表现。

我认为，一个人存在于世间，不应碌碌无为，而要给这个世界留下自己独有的印记。而这种印记不应以伤害他人为前提，更应该以造福这个社会、推动社会的发展为目标。一个人的能量有大有小，大者如开天辟地之伟人、著书立说之圣贤、治国安邦之领袖，小者如贩夫之走卒、市井之小徒、芸芸之众生。不论是哪一种人，不论身处何位，都应该拥有一颗美丽心灵，以仁义安身、以礼信立命，拘小节、守规矩，为他人着想，为社会着想。尽管现实中有诸多不如意，社会也有令人失望的一面，但更应该看到人生的美好、社会的光明，而更应该努力去弥补社会的不足，推动社会的进步。正所谓达则兼济天下，穷则独善其身，能量大者可济世于民，能量小者可本分立命，不论哪一种人生，都要以促进社会的进步为己任，也要让这种思想传承下去。唯有如此，才能算是一个真正的"人"。这是我来当老师的原因，也是我希望能够引导学生们的地方。

无论如何，我都希望我的学生们能做一个高尚的人，一个纯粹的人，一个对社会有用的人！就像本书一样，也许内容很简单，也许思想很浅薄，也许只是浩如烟海文献中的不起眼一笔，但每个人都要怀着一颗赤子之心，用一片忠肝义胆回馈社会、报效祖国！不因现实复杂而放弃梦想，不因梦想遥远而放弃追求！

杨凯瑞

2019 年 6 月 3 日